KB139997

교육과정

에세이

2

교육과정 에세이 2

김성훈

2016년도 강원대학교 대학회계 학술연구조성비로 연구하였음(관리번호-520160389)

序

9년 만에 두 번째 에세이를 출간한다. 첫 번째 에세이가 나의 이야기였다면, 두 번째 에세이는 타인의 이야기를 정리해 놓은 것이다. 이번에 소개하는 인물들은 대개가 교육과정 분야에서 한 번 정도 들어보았을 법한 자들이다. 물론 그렇지 않은 사람들도 더러 있지만, 이때도 그 인물이 교육과정 학자와 관련되거나 후대의 교육과정 논의에서 회자되는 경우다. 반대로, 교육과정 학자라는 꼬리표가 붙어 있어도 그와 다른 행적을 보이기도 한다. 우리는 이론에는 정통하면서도, 정작 그 이론을 내놓은 사람에 대해서는 무지한 경우가 많다. 이 에세이는 우리가 모르는 '사람'에 대한 이야기다. 교육과정 분야에 직·간접적으로 영향을 미친 인물들을 선별하여 그들의 개인적 삶과 학문적 편력을 기억하는 작업이다.

2018년 7월 31일
김성훈

Contents

01

찰스 저드

찰스 저드
Charles Judd

1873. 출생

1894. 웨슬리언 대학(A.B.)

1896. 독일 라이프치히 대학(Ph.D.)

1896-1898. 웨슬리언 대학 심리학 교수

1898-1901. 뉴욕 대학 심리학 교수

1901-1902. 신시내티 대학 심리학 교수

1902-1909. 예일 대학 심리학 교수

1909-1938. 시카고 대학 교육심리학 교수

1946. 사망

랄프 타일러가 들려주는
찰스 저드 이야기[†]

　랄프 타일러는 찰스 저드와의 첫 만남을 떠올린다. 1926년 타일러는 저드의 교육학자로서의 명성에 이끌려 시카고 대학으로 왔다. 그의 '과학적'인 지도를 받으면서 박사공부를 할 요량이었다. 타일러의 눈에 비친 그는 큰 키에 힘 있는 꼿꼿한 모습이었고, 엄하면서도 친절한 얼굴에 염소수염을 기른 것이 꼭 당시 유럽의 대학교수 같았다.

　타일러는 저드에게 자기가 네브래스카 대학에서 과학교육을 전공하였고, 그곳 학과장이 시카고 대학에서 교육학을 공부할 것을 추천하였다고 말했다. 타일러는 네브래스카 시절 교육학 강의들을 이미 여러 번 들었고, 수중에 돈도 넉넉지 않아 박사공부를 가급적

[†] 　Ralph W. Tyler, "Charles Hubbard Judd: As I Came To Know Him," ed. Craig A. Kridel et. *al.,* *Teachers and Mentors: Profiles of Distinguished Twentieth-Century Professors of Education,* New York, 1996, pp. 19-28.

빨리 끝마쳤으면 좋겠다는 의견을 전달했다. 이에 저드는 시카고 대학에서는 학생들에게 강의를 강제하지 않으며, 학생의 학습 정도가 학과에서 정한 학위수여 기준을 충족한다면 바로 졸업할 수도 있다고 말했다. 강의는 어디까지나 학생들에게 학습의 기회를 제공하는 것에 불과하다는 설명이었다.

타일러는 9월 1일에 시카고에 도착한지라 학기가 시작하는 9월 말까지 시간이 있었다. 타일러는 저드에게 이 기간 동안 무엇을 하면 좋을지를 물었는데, 저드는 타일러에게 어학 시험(프랑스어와 독일어)을 볼 것을 주문하였다. 일단 어학 시험을 통과하면, 수료자 신분으로 전환되어 학위논문 작성에 집중할 수 있고, 개인적인 학습과 졸업시험에 필요한 강의들을 선택하여 들을 수 있기 때문이다. 저드는 바로 해당 부서로 전화를 걸어 타일러의 어학 시험 일정을 잡아주었다.

타일러는 이런 저드의 모습이 마음에 들었던 것 같다. 그의 박사과정에 대한 설명은 명료했고, 학생 질문에 답하는 방식 또한 재빠르면서도 군더더기 없는 것이 매우 유익했기 때문이다.

타일러는 또한 저드의 강의가 매우 명료하고 잘 조직되어 있으며 일반 법칙에 충실하였다고 회고한다. 타일러는 저드가 라이프치히 대학에서 빌헬름 분트의 지도로 사회심리학을 공부하여 박사학위를 받았고, 그가 예일 대학 시절 심리학 실험실을 열어 인간행동의 일반 법칙을 연구하였으며, 시카고 대학에서는 교육심리학 강의를 통하여 인간 학습을 일반화하고 교육목표를 몇 가지로 범주화하는 데 관심이 있었다고 말한다.

타일러는 저드의 심리학 수업을 듣는 학생들은 모두 인간 학습을 일반화하는 실험을 제각기 수행해야만 했다고 증언한다. 타일러는 이것을 저드 수업의 가장 큰 특징으로 꼽는다. 저드에게 교육학은 학교 안팎에서 일어나는 학습에 대한 관찰과 실험에 근거하는 과학이었던 셈이다.

타일러는 저드 교육학의 또 하나의 특징으로 대학의 연구자 집단과 학교의 교사 및 행정가 집단 간의 적극적인 협업을 꼽는다. 한 예로, 시카고 지역의 중등학교 교장들 중에 저드의 졸업생들로 구성된 '저드 클럽'은 매달 한 번씩 저드를 비롯한 대학 교수들과 정기적으로 모임을 갖고 교육 현안을 생산적으로 논의했는데, 이는 대학에서의 교육학 연구가 학교현장과 밀접한 관계를 맺어야 한다는 저드의 신념 때문이었다.

다시 수업 장면으로 돌아와, 타일러는 저드가 위에서 말한 실험 과제 말고도 매주 학생들에게 글쓰기 숙제를 부과하였다고 말한다. 타일러는 저드의 목적이 글을 통한 이해력과 명료함의 계발이었다고 설명한다. 저드는 소위 '방법'이라는 것을 싫어했던 것으로 보이는데, 잘 이해하고 있다면 쉬운 말로 설명할 수 있다고 생각했기 때문이다. 타일러는 저드가 학생들의 보고서를 일일이 읽고 그들이 다시 답해야 하는 질문들을 달아 되돌려주어서 주차가 거듭될수록 글의 완성도가 높아졌다고 말한다. 타일러는 저드의 이러한 방법이 매우 도움이 되었다고 회고하고, 자신도 나중에 이와 똑같은 방식으로 대학원생들을 지도하였음을 고백한다. 학생들의 수준과 그들의 연구 주제를 파악하는데 이보다 좋은 방법이 없다는 이유에서였다.

타일러는 저드를 엄한 교사로 기억한다. 타일러는 게으르고 대충 생각하는 습성을 가진 학생들은 저드의 수업을 통과하기 어려웠을 뿐만 아니라, 그의 지도 학생으로 남아있기도 힘들었다고 말한다. 저드는 줄곧 나태하고 진지하게 사고하는 모습을 보이지 않는 대학원생들은 주저 없이 내쫓았기 때문이다. 타일러가 말하는 'FBJ(Fired by Judd) 클럽'이다. 'FBJ 클럽'에 속한 학생들에게 저드는 차갑고 인간미 없는 교수로 통했다. 그러나 최소한 타일러가 보았을 때 저드는 학생들에게 무턱대고 냉랭하거나 불친절하지 않았다. 그는 단지 게으르고 생각할 줄 모르는 자들에게만 단호한 모습을 보였을 뿐, 부지런하고 똑똑한 학생들을 가르치고 돕는 일에는 누구보다 열심이었다. 타일러는 저드의 수업에서 살아남은 학생들은 매달 한 번씩 그의 집에서 저녁식사를 하면서 사회적인 쟁점을 논의하였고, 나아가 저드 자신이 활동하고 있던 각종 교육 단체들에 참여할 수 있는 기회를 얻었다고 말한다.

타일러는 저드가 교육학을 사회과학의 일환으로 간주하였고, 그 결과 시카고에서의 교육학 연구는 경험적인 성격이 짙었다고 회고한다. 저드는 날카로운 지성만큼이나 말솜씨도 뛰어났던 것으로 보인다. 타일러는 1927년 노스캐롤라이나 지역 교육협의회와 1928년 보스턴 전미 교육자 모임에 참석했다가 좌중을 사로잡는 저드의 빼어난 연설을 들었다고 술회한다.

타일러는 저드가 일선 학교와 지역 교육청을 넘어 대학 행정가들에게 남긴 영향도 지적한다. 타일러는 하버드 대학 총장 제임스 코난트의 1933년 방문과 시카고 대학 총장 로버트 허친스의 1948년 강연을 소개하면서 저드가 1930년부터 가시화된 미국 대학들의 조직 재정비에 일익을 담당했음을 암시한다.

타일러는 저드를 사회의식이 강한 인물로 묘사한다. 타일러는 저드가 1930년대 경제공황기에 젊은 세대를 위한 국가 수준의 프로그램 기획에 깊은 관심을 보였고, 은퇴 후에는 제2차 세계대전 동안 군인들을 교육하는 일에 참여했다고 말한다.

이런 저드를 세상은 신실한 교육 정치가의 모습으로 기억할지도 모르겠다. 그러나 타일러가 기억하는 저드는 어디까지나 통찰력 있는 교사이자 친절한 멘토였다.

02

랄프 타일러

:

랄프 타일러
Ralph Tyler

1902. 출생

1921. 도안 칼리지(A.B.)

1923. 네브래스카 대학(A.M.)

1927. 시카고 대학(Ph.D.)

1921. 네브래스카 공립 고등학교 교사

1922-1927. 네브래스카 대학 교육학 교수

1927-1929. 노스캐롤라이나 대학 교육학 교수

1929-1938. 오하이오 주립대학 교육학 교수

1938-1953. 시카고 대학 교육학 교수

1953-1966. 스탠포드 대학 행동과학연구소장

1994. 사망

데이비드 크라스월이 들려주는 랄프 타일러 이야기[†]

데이비드 크라스월은 시카고에서 고등학교를 다니던 1939년 랄프 타일러의 이름을 처음 들어보았다고 회고한다. 크라스월은 타일러가 오하이오 주립대학의 평가 전문가로서 시카고 대학 입학시험을 '개선'하는 임무를 띠고 있었다고 말한다. 당연히 지역 교사들의 시선은 곱지 않았다. 타일러가 모두에게 익숙한 에세이 시험을 선다형 방식으로 바꾸려 했기 때문이었다. 크라스월은 타일러의 평가문항 개발 작업을 8년 연구의 일환으로 설명하고, 그 과정에서 8년 연구의 배경, 경과, 결과, 의의 등을 간단히 기술한다.

이제 크라스월은 우리에게 친숙한 타일러의 모습을 소개한다. 크라스월은 1934년 강의 실러버스로 처음 사용되었던 타일러의《교

[†] David R. Krathwohl, "Lessons Learned from Ralph W. Tyler," ed. Craig A. Kridel *et. al., Teachers and Mentors: Profiles of Distinguished Twentieth-Century Professors of Education,* New York, 1996, pp. 29-44.

육과정과 수업의 기본 원리》가 1949년 책자로 발간되어 교육과정 분야의 고전이 되었음을 일러준다. 그러나 크라스월은 곧 타일러의 평가에 대한 관심으로 회귀하여 8년 연구에서의 학생 평가 척도, 벤저민 블룸의 교육목표 분류학 작업, 전국 단위의 학교성취도 평가 등에서의 타일러의 역할을 설명한다.

잠시 크라스월은 타일러의 소년 시절로 돌아가 그가 학교를 싫어했고, 학교교육을 통해 얻는 것이 없다고 생각하여 결국에는 학교를 반나절만 다니고 나머지 시간은 인근 낙농업체에서 일을 하였다고 말한다. 이 이야기를 통해 크라스월은 타일러가 나중에 훌륭한 사람으로 성장했다는 사실이 학교에서 곤란을 겪는 모든 총명한 아이들에게 시사하는 바가 있기를 바란다.

크라스월은 타일러가 작은 체구에 일찍부터 머리가 벗겨지기 시작했다고 말한다. 그는 타일러를 매우 매력적인 사람으로 묘사한다. 특히 그의 웃는 모습과 반짝거리는 눈이 인상적이라고 부연한다. 이런 외모적인 특징 외에 크라스월은 타일러의 출중한 능력을 몇 가지로 정리한다.

우선 크라스월은 타일러가 사태를 파악하고 조직하여 말하는 능력이 탁월했다고 증언한다. 이는 1942-43년에 블룸의 대학생 인턴으로 일하면서 먼발치에서 바라본 타일러의 업무 처리 능력에 대한 크라스월의 개인적인 회상이다.

크라스월은 또한 타일러를 매사 긍정적이었던 사람으로 기억한다. 크라스월은 이런 타일러를 싫어할 사람이 어디 있겠냐고 반문하면서도, 당시 시카고 대학의 분석적이고 비판적인 학풍 속에서 어떻게 이처럼 나긋나긋한 인물이 살아남고, 아니 성공할 수 있었는지 의아해 한다.

크라스월은 타일러의 평가가 워낙 후한 편이어서 사람들은 오히려 그가 조금이라도 부정적인 뉘앙스를 풍긴 대목이 어디 없는지를 주의 깊게 살폈다고 말한다. 크라스월에게 타일러는 분명 모든 일을 좋게 보는 사람이었다. 크라스월은 한번은 타일러가 대뜸 자기에게 학위논문 출판 계획을 물어 와서 놀랐고, 다른 한번은 국가교육연구위원회의 좌장인 타일러가 신출내기 학자들의 연구 제안서도 꼼꼼히 들여다보는데 놀랐다고 회고한다.

같은 맥락에서 크라스월은 타일러가 주변 사람들의 장점을 찾아내 칭찬하고 격려하는 능력이 뛰어났고, 그 때문인지 모르겠지만 그의 주변에는 유독 대성한 사람들이 많았다고 말한다. 크라스월은 타일러와 만나 재능을 꽃피운 인물들의 목록을 작성하면서 벤저민 블룸, 리 크론바크, 버질 헤릭, 조셉 슈왑, 힐다 타바, 허버트 텔렌, 필립 잭슨 등 쟁쟁한 이름들을 열거한다.

주지하듯, 타일러는 대학 안팎에서 많은 직책을 맡았다. 그러다 보니 보조 인력들과 업무를 나누고 그들에게 책임을 위임하는 일이 불가피했다. 크라스월은 제2차 세계대전이 끝나고 시카고에서 대학원 생활을 이어갔다. 이때 그는 주로 블룸의 연구보조원으로 활동하며 타일러의 업무도 도왔다고 회고한다. 크라스월이 기억하는 타일러는 대학원생이라도 한 번 일을 맡기면 그에게 전권을 위임하는 사람이었다. 당연히 일을 맡아하는 입장에서는 최대한 책임감 있게 업무를 처리하려고 노력하고, 이것이 타일러가 사람을 다루는 또 하나의 뛰어난 능력이었다고 크라스월은 말한다.

다음으로 크라스월은 타일러의 기억력을 높이 평가한다. 크라스월은 타일러가 기억하는 능력이 뛰어났기 때문에 많은 행정 업무와 자문 역할을 동시다발적으로 수행할 수 있었다고 말한다. 그는 또한 타일러가 관여했던 많은 교육기관들과 연구 프로그램들이 그의 뛰어난 기억력 덕분에 역사의 뒤안길로 사라지지 않고 오늘날 우리에게 그 중요성을 알릴 수 있었다고 단언한다.

물론 예상치 못한 일도 있었다. 크라스월은 타일러의 강의가 미리 준비한 노트 없이 즉석에서 이루어졌다고 증언한다. 그러나 타일러의 기억력이 너무 좋다보니 그의 강의는 똑같은 주제라면 그가 예전에 써놓은 글을 거의 토씨 하나 틀리지 않고 그대로 말하는 것이었다. 보통은 교수들이 매년 똑같은 강의 노트를 사용해서 벌어지는 일이지만, 흥미롭게도 타일러의 경우에는 그의 훌륭한 기억력이 문제였다. 그밖에도 기억력 좋은 사람이 늘 그렇듯 타일러도 지칠 줄 모르는 이야기꾼이었다고 크라스월은 귀띔한다.

크라스월은 타일러의 위의 장점들을 염두에 두고 그가 내용을 정리하고, 합의를 도출하고, 문제를 해결하는 능력이 남들보다 뛰어났다고 말한다. 그러다보니 그는 늘 각종 회의를 주재하고, 정부를 비롯한 여러 단체에 자문을 제공하느라 바빴다. 크라스월은 무려 여섯 명의 대통령이 타일러의 의견을 구했다고 으름장을 놓지만, 사실 지근거리의 블룸과 크라스월도 그들의 분류학 작업의 진척 정도를 그에게 스스럼없이 묻곤 했다. 크라스월이 기억하는 타일러는 외부 일정이 없는 날이면 기꺼이 대학원생들에게 시간을 할애했고, 가끔은 일요일에도 학교를 나와 밀린 잡무를 처리했다.

크라스월은 타일러가 스스로를 전문적인 교사보다는 사회과학자로 보기를 좋아했다고 말한다. 물론 그는 교사출신의 교수로서 교육학과에서 오랫동안 가르치고 일했다. 그러나 그는 동시에 사회과학부의 학장을 역임하면서 심리학, 사회학, 경제학과 같은 일반 학문들과 도서관학, 사회복지학, 교육학과 같은 전문분야들을 아우르는 폭넓은 개념을 정립할 수 있었고, 이때의 경험을 바탕으로 행동과학연구소나 국가교육아카데미와 같은 사회과학적인 성격이 짙은 교육연구기관의 설립을 추진할 수 있었다는 것이 크라스월의 설명이다.

타일러에게 교육학은 사회과학의 하나였다. 그의 이러한 시각은 시카고 대학의 독특한 학제에 기인했다. 크라스윌은 당시 시카고 대학의 교육학과 교수 대부분이 사회과학 분야의 교수직을 겸하고 있었다는 점을 지적한다. 이는 타학문분야와 동떨어져 지내는 다른 대학의 교육학과 교수들과는 확연히 다른 모습이었다. 물론 행정상의 성가신 문제들도 있었다. 그러나 이점이 더 많다는 것이 크라스월의 판단이다. 즉, 교육학 교수들이 인접 분야의 최근 동향을 접할 수 있었고, 나아가 보다 유능한 인재를 교육학 교수로 채용할 수 있었다. 이처럼 시카고에서 교육학과 사회과학 간의 연대를 강조한 것은, 짐작컨대 교사 양성은 교육학과만의 책임이 아닌 대학 전체의 공동 관심사라는 이 대학의 오랜 신념 때문으로 보인다.

크라스월은 타일러의 성공 원인을 타고난 재능보다는 후천적인 노력에서 찾는다. 목사 집 아들인 타일러에게서 프로테스탄트 직업 윤리를 보았던 것인데, 크라스월은 타일러의 말년 인터뷰를 인용하면서 그가 하루를 마감하기 전에 되뇌었다는 세 가지 질문, 즉 '오늘 나는 무엇을 배웠는가?' '그것은 무슨 의미였는가?' '나는 그것을 어떻게 사용할 수 있는가?'를 소개한다. 그밖에도 크라스월은 타일러가 타인의 재능을 발굴하는 역할을 자임함으로써 자신의 능력을 십분 발휘하는 메타 인지적 지능이 뛰어난 사람이었다고 평가한다.

크라스월은 타일러가 92살에 숨을 거두기까지 그의 지적인 태세에 흐트러짐이 없었다고 증언한다. 일례로 크라스월이 한번은 블룸의 분류학 관련 글을 쓰면서 타일러에게 의견을 묻자 그는 평소와 다름없이 이 주제에 대한 자신의 학문적 관심과 긍정적인 견해를 담아 답장을 보냈다. 다만 생의 마지막 순간이 가까워지자 타일러는 유독 젊은이들에게 이번이 마지막이라는 생각으로 평소와 달리 강한 어조로 그의 삶의 지혜를 부지런히 전달했다고 크라스월은 말한다.

크라스월은 타일러가 그의 학생들의 기억 속에 있고, 그가 남긴 많은 지적 유산으로 세상에 회자되며, 앞으로도 그가 생전에 관여했던 각종 프로그램들과 기관들과 함께 우리 곁을 지킬 것이라고 믿는다.

03

벤저민 블룸

⋮

벤저민 블룸
Benjamin Bloom

1913. 출생

1935. 펜실베이니아 주립대학(B.A., M.S.)

1942. 시카고 대학(Ph.D.)

1935-1936. 펜실베이니아 주립 구호처 연구원

1936-1938. 국가 청소년위원회 연구원

1943-1959. 시카고 대학 시험관

1944-1970. 시카고 대학 교육학 교수

1970-1999. 시카고 대학 찰스 스위프트 석좌교수

1999. 사망

로린 앤더슨이 들려주는
벤저민 블룸 이야기[†]

　　로린 앤더슨은 미니애폴리스의 1월 어느 날 아침 벤저민 블룸에게서 전화를 한 통 받는다. 이때 앤더슨은 4년 동안의 중등학교 수학 교사 생활을 청산하고 시카고 대학의 박사과정에 지원한 상태였다. 블룸의 전화는 구두로 합격을 통지하는 것이었다.

　　3월이 되자 앤더슨은 '왜, 나를 뽑았을까?'라는 궁금증을 안고 시카고로 건너가 신입생 오리엔테이션에 참가한다. 그곳에서 그는 캘리포니아에서의 안식년을 마치고 시카고로 돌아온 블룸이 급하게 대학원생을 구했고, 그 과정에서 자기에게 우연찮게 기회가 주어졌음을 깨닫는다.

　　앤더슨은 블룸과의 첫 만남에서 블룸이 앉아 있는 자리 뒷벽에

[†]　Lorin W. Anderson, "Benjamin Bloom, Values and the Professoriate," ed. Craig A. Kridel *et. al.*, *Teachers and Mentors: Profiles of Distinguished Twentieth-Century Professors of Education,* New York, 1996, pp. 45-54.

걸려있는 사진 한 장이 눈에 들어왔다고 말한다. 당시에 그는 그 사진 속 인물이 누구인지 몰랐다고 고백한다. 블룸의 어깨 위 너머에서 그를 쳐다보고 있던 사람은 다름 아닌 랄프 타일러였다.

물론 그날 대화의 핵심은 블룸이 앤더슨에게 자신의 연구 프로젝트를 소개하는 것이었다. 앤더슨은 블룸의 설명이 어찌나 열정적이었는지 그는 확실히 생계형 교수는 아니었다고, 아니 연구가 그의 삶의 전부인 사람 같았다고 회고한다.

앤더슨은 가을 학기가 시작할 때까지 블룸의 책 다섯 권을 모두 읽었는데, 그는 글의 주제가 상반되는 측면이 있어서 놀랐고 교육에 대한 확고한 신념이 인상적이었다고 소회를 밝힌다. 그러나 진짜 공부는 학기가 시작되면서부터였다. 그는 몇 달 지나지 않아 블룸의 숨은 보석과 같은 글들을 읽어볼 기회를 얻고, 그로부터 자신의 연구 방향과 논문 주제를 결정하였다고 말한다.

앤더슨이 전하는 블룸과의 첫 수업은 이러했다. 수업은 아침 8시에 시작했다. 학생들 대부분이 깨어있지도 않을 시간이었다. 수업은 완전학습의 원칙을 따랐다. 목표를 명확히 진술했고, 학습은 단계별로 진행되었다. 각 단계마다 형성평가가 뒤따랐다. 답지에는 답안작성 공간과 함께 오답 시 참고할 교재와 참고자료의 해당 페이지가 표시되어 있었다. 평가방식은 상대적인 우열이 아닌 미리 정해진 준거에 따랐다. 한마디로, 블룸은 평소 자기가 가르쳤던 대로 수업을 했던 것이라고 앤더슨은 말한다.

앤더슨은 첫 학기에 블룸이 주관했던 평가와 통계 관련 비공식 세미나에 참석했던 기억을 떠올린다. 그는 블룸이 출판을 앞둔 자신의 원고를 들고 와서 세미나 참석자들에게 비평을 부탁했다고 말한다. 앤더슨은 그동안 누구도 교수의 글을 비판적으로 읽어볼 것을 권한 적이 없기에, 또 다른 참석자들과 마찬가지로 고등학교 시절부터 암기식 교육에만 익숙한지라 이런 블룸의 요청이 매우 낯설고도 신기했다고 털어놓는다. 그리고 이 한 번의 과제를 수행하면서 '분류학'의 의미를 더욱 명료하게 이해할 수 있었다고 첨언한다.

앤더슨은 시카고에서 블룸의 수업과 그가 진행하는 비공식 세미나를 세 번씩 더 들었고, 블룸의 연구보조원으로 시간의 대부분을 도서관에서 자료를 찾으며 보냈다고 말한다. 학위논문을 준비하면서는 블룸에게서 자료 처리 능력과 논리적인 글쓰기를 배웠지만, 앤더슨은 그 과정에서 적지 않은 시행착오를 겪었음을 숨기지 않는다.

앤더슨은 지도교수로서의 블룸을 이해심이 많은 사람으로 평가한다. 그러나 이러한 인간적인 면모와 별개로 그는 블룸의 가치중립적인 태도에는 반대한다. 그의 눈에 블룸은 너무나도 확신에 차 있는 행동주의자였고, 이런 이유로 일각에서는 그를 '교육을 망칠 사람'으로 내다본다.

그렇다고 블룸 입장에서 종교적인 예정설이나 사회진화론을 수

용했을 리 만무하다. 앤더슨의 중재안은 블룸이 경험적 증거를 통해 제안한 '가능한 것'과 비판자들이 주장하는 '가능할지도 모르는 것' 사이에는 분명 차이가 있다는 것 정도다.

한번은 앤더슨이 블룸의 부탁으로 그의 책 어느 서문을 쓰다가 그를 '항상 낙천적인 사람'으로 언급했는데, 그러자 블룸이 바로 자기가 언제나 그런 것은 아니라고 고쳐 말했다고 한다. 앤더슨은 블룸이 교육의 미래에 대해 장밋빛 환상을 가지고 있지 않았을 뿐만 아니라, 그의 기본 개념과 원리들을 학교에 얼마나 성공적으로 적용할 수 있을지에 대해서도 매우 비관적이었다고 증언한다.

앤더슨은 블룸의 완전학습 개념과 분류학 원리가 단지 기초적인 능력 습득에나 적합한 것이라는 비판가들의 목소리를 전하는 한편, 이러한 비판에 맞서 블룸이 진행했던 재능 발달에 대한 연구를 소개한다. 블룸의 결과는 특정 분야에서 뛰어난 업적을 남긴 사람들은 그들의 타고난 특질과 별개로 오랜 시간 각고의 노력으로 차이를 만들어냈다는 것이다. 한마디로 본성보다는 양육의 산물이라는 것이다.

블룸하면 가장 먼저 떠오르는 것이 교육목표 분류학이다. 앤더슨 역시 블룸의 학생으로서 이 점을 의식했던 것으로 보인다. 시카고를 떠나 사우스캐롤라이나에 처음 정착했을 때부터 앤더슨은 블룸의 그림자에서 자유롭지 못했다고 토로한다. 모두가 그를 분류학에 정통한 사람으로 간주했기 때문이다.

사실 분류학은 앤더슨이 시카고로 오기 15년도 더 전에 만들어진 것으로서 그와 직접적으로 관련이 없다. 그러나 그것의 40년 회고는 앤더슨의 몫이었다. 그는 1994년 《블룸의 분류학: 40년의 여정》을 편찬하면서 직접 블룸의 입을 통해 분류학의 기원, 핸드북 개발, 현장 적용 사례 등을 소개하고, 나아가 분류학에 대한 좁은 해석과 기계적 적용을 경계하는 우려의 목소리를 전한다.

다음으로 앤더슨은 블룸의 완전학습 개념에 주목한다. 그는 완전학습 프로그램이 오늘날에도 여전히 유효하지만, 그러한 접근이 행동주의적이고 집단주의적이라고 이맛살을 찌푸리는 사람들도 있다고 말한다. 그는 모두가 블룸의 주장대로 '모든 아이들이 배울 수 있고, 모든 아이들이 배워야만 한다.'고 생각하는 것은 아니며, 아이들을 교육하는 일상과 타협하면서 '완전'이라는 수식어가 빠지는 경우가 많다고 지적한다. 그렇지만, 앤더슨은 요즘처럼 부침이 심한 교육 시장에서 하나의 원리가 지난 수십 년의 세월을 견뎌내며 여전히 사람들의 입에 오르내린다는 것 자체가 스스로 가치를 입증하는 것이라고 본다.

마지막으로 앤더슨은 블룸의 재능 개발 모형을 설명한다. 그는 블룸의 연구 결과를 몇 가지로 정리한다. 첫째, 모든 학생들을 대상으로 재능 개발이 가능하다. 재능은 타고난 특질이 아니다. 둘째, 재능 있는 아이들을 빨리 알아보고 적절한 학습 환경을 제공하는 것이 중요하다. 셋째, 재능은 공유할 것이 아니라 보호해야만 하는 소중한 자산이다. 앤더슨은 블룸의 모델이 천부적인 재능을 타고난 소수의 아이들에게는 적용할 수 없다는 것을 인정한다. 그러나 절대 다수의 일반 아이들의 능력을 개발하는 모형으로는 가치가 있다고 주장한다.

앤더슨은 블룸이 사변적인 추측에 근거하기보다 경험적인 증거를 수집하여 교육 문제를 풀어가는 사람이었다고 말한다. 그는 블룸이 교육을 개인적 · 사회적 문제 해결의 강력한 동인으로 보았음은 말할 것도 없고, 그가 시의적절하게 교육 이슈를 끄집어내고 방대한 양의 정보를 합리적인 개념적 틀 속에서 종합하는 능력이 탁월한 사람이었다고 칭송한다. 그런 사람이었기에 그의 교육에의 공헌(분류학, 완전학습, 재능개발모형)이 가능했다는 말이다.

그밖에도 앤더슨은 블룸과 관련된 몇 가지 일화를 통해 그의 인간적인 면모를 소개한다. 먼저, 앤더슨은 자신의 결혼식 이야기를 들려주며 블룸이 자신의 '보스' 이상으로 가족 같은 사람이었다고 말한다. 계속해서 어느 대학원 지원생과의 인터뷰 내용을 인용하면서 그의 일터에 대한 자부심이 남달랐음을 암시한다. 시카고 대학을 국내도 아닌 세계 최고의 대학으로 치켜세웠던 것이다. 끝으로, 앤더슨은 그의 아킬레스건이라 할 수 있는 '블룸의 학생'이라는 꼬리표에 대해 말한다. 앞에서도 언급했듯이, 그에게는 늘 블룸의 그림자가 드리웠다. 앤더슨은 자신의 심경을 블룸에게 토로한 적이 있는데, 블룸의 입에서 나온 말은 사람이 결국 그의 업적으로 평가를 받는 것이지 누구의 '아이'인지가 중요한 것은 아니라는 것이었다.

앤더슨은 시카고로 올 때부터 블룸에게 마음의 빚이 있었던 것으로 보인다. 블룸이 평범한 학교교사 출신에 대학시절 학점도 특출하지 않은 그에게 공부할 기회를 주었다고 생각해서다. 그러나 오리엔테이션 기간에 이에 대해 단도직입적으로 묻자, 블룸의 답변은 학적부 속 앤더슨은 자기가 원하는 것은 잘 하고 나머지도 크게 문제가 없는 사람이라는 것이었다. 앤더슨의 생각처럼 블룸이 그를 믿었다면, 그것은 어디까지나 그의 가능성을 믿었던 것이다.

앤더슨이 말하는 블룸은 참된 의미에서의 교사였고, 타일러의 학생답게 경험적인 역량이 매우 뛰어난 연구자였으며, 다방면의 독서와 인간의 가능성에 대해 끊임없이 질문을 제기했던 사람이었다. 다만 블룸의 대학원생 그룹이 소수에 불과하여 그의 지식과 지혜를 널리 공유하지 못함을 앤더슨은 못내 아쉬워한다.

앤더슨은 사우스캐롤라이나로 떠나기 전 블룸과 가졌던 고별 만남을 추억한다. 그는 블룸이 자기에게 '그저 그런' 교수로 살지 말 것을 당부했다고 말한다. 그날 블룸의 입에서 나왔던 말, 즉 열심히 연구하여 그 성과를 세상에 알리고, 새로운 이론적 틀을 만들어 교육에 대한 이해의 지평을 넓히고, 학생들을 가르치는 일에 매진하라는 요구는 어찌 보면 그가 공유하고 싶었던 이상적인 교수의 모습이었는지도 모른다. 아무튼 앤더슨은 시카고에서 2년 남짓 대학원 공부를 하면서 강의만 듣고 논문만 쓴 것이 아니라, '교수가 되는 법'을 또한 배웠던 것이다. 그것도 최고의 교수 중 한 명으로부터 말이다.

04

힐다 타바

⋮

힐다 타바
Hilda Taba

1902. 출생

1926. 에스토니아 타르투 대학(B.A.)

1927. 브린 모아 칼리지(M.A.)

1932. 콜롬비아 대학(Ph.D.)

1934-1935. 오하이오 공립학교 교육과정 책임관

1936-1938. 오하이오 주립대학 교육학 교수

1938-1945/1948-1951. 시카고 대학 교육학 교수

1945-1948. 미국 교육부 연구 위원

1951-1967. 샌프란시스코 주립대학 교육학 교수

1967. 사망

엘리자베스 브래디가 들려주는
힐다 타바 이야기[†]

엘리자베스 브래디는 힐다 타바와의 인연을 인터그룹 프로 젝트와 관련지어 설명한다. 1945-48년까지 미국 교육위원회는 전 후 교육 재건 사업의 일환으로 이 프로젝트를 진행했다. 이 시절 브 래디는 시카고 대학에서의 중등학교 교사들을 위한 워크숍에 참여 하면서 타바를 처음 보았고, 그곳에서 석사학위 공부를 하면서 그 녀를 자주 보았으며, 궁극적으로 인터그룹 프로젝트의 멤버로서 타 바와 함께 일을 하게 되었다고 회상한다.

브래디가 전하는 타바의 첫 인상은 다음과 같다. 타바는 매우 에 너지가 넘치는 열정적이고 활동적인 사람이었다. 그녀의 지칠 줄 모르는 삶의 템포로 말미암아 때론 오해가 생기고 친구들과 프로

---

† Elizabeth Hall Brady, "Hilda Taba: The Congruity of Professing and Doing," ed. Craig A. Kridel *et. al., Teachers and Mentors: Profiles of Distinguished Twentieth-Century Professors of Education*, New York, 1996, pp. 59-69.

젝트 멤버들이 혀를 내두르곤 했다. 인상착의를 설명하면, 작은 키에 활달한 모양새로 언제나 개성 넘치는 옷을 입고 다녔다. 늘 시선은 다음 종착지를, 다음 임무를 향해 있었다. 아이디어를 내기 좋아했고, 주변 사람들과 온갖 주제로, 가령 진행 중인 프로젝트, 사회의 주요 현안, 대학 내 정치 등에 대해 줄기차게 이야기하고, 또 가끔은 논쟁에 열을 올리기도 했다.

계속해서 브래디는 인터그룹 프로젝트를 개괄하면서 '내부자'의 관점에서 타바를 소개한다. 그녀는 타바가 해당 지역을 방문하여 직접 프로젝트를 소개하는가 하면, 그곳 학교 시스템과 지역 실정에 대해 배우려는 의지도 남달랐다고 회고한다. 이때의 경험이 훗날 그녀의 교육과정 텍스트 작업에 소중한 자산이 되었음은 말할 것도 없다.

타바는 또한 인터그룹 프로젝트가 지향하는 인간관계 교육을 몸소 실천했던 것으로 보인다. 가깝게는 프로젝트 멤버들에게 그녀의 거처를 개방했고, 멀게는 유럽에서 미국으로 건너온 그녀의 가족과 지인들에게 새로운 보금자리를 제공했다. 그녀 자신이 에스토니아 출신의 이방인이었기에 타인의 어려움에 귀 기울이고 사람들을 곁에 두고 싶어 했는지도 모른다.

브래디가 들려주는 타바의 다음 인생 기착지는 샌프란시스코였다. 1951년 인터그룹 프로젝트가 종료되자 타바는 샌프란시스코 주립대학으로 자리를 옮겼고, 그곳에서 남은 15년의 세월을 보냈다.

브래디는 그녀가 구경한 타바의 '네 번째' 집을 묘사한다. 뉴욕과 시카고 시절의 아파트나 농장과 달리 예쁜 정원에 금붕어가 노니는 연못이 있고 인테리어가 멋진 그야말로 '집'이었다. 브래디는 타바가 클래식 애호가이며 거실 장에 퀼트 이불이 잔뜩 쌓여 있어서 그녀의 집을 자주 찾던 지인들은 아예 마룻바닥에 이불을 깔아놓고 음악을 듣거나 내 집처럼 부엌과 정원을 오가며 음식을 만들고 집안 곳곳에서 벌어지는 열띤 대화에 참여했다고 그 시절을 회고한다.

타바의 집 이야기를 조금 더 하자면, 브래디가 알고 있는 타바의 집은 모두 네 군데였다. 첫 번째 집은 뉴욕의 널찍한 아파트였다. 인터그룹 프로젝트의 본부가 뉴욕에 있었기 때문에 타바는 이 도시에 거처를 정하고 그곳에 연고가 없는 프로젝트 멤버들과 가족처럼 지냈다. 브래디는 자기 남편이 이 집에서 생애 첫 크리스마스 터키를 구웠다고 자랑한다. 두 번째 집은 시카고 대학 근처의 넓은 아파트였다. 이 대학에 인터그룹 센터가 새롭게 만들어지면서 타바는 시카고에 숙소를 마련했다. 브래디는 1950년경 미국으로 건너온 타바의 가족들이 여기에 보금자리를 마련했다고 말한다. 세 번째 집은 시카고 외곽의 농장이었다. 처음에는 주말 별장이었고 나중에 타바의 식구들이 한동안 머물렀다. 브래디는 프로젝트 멤버들이 주말이면 이 매력적인 시골 아지트에 모여 일도 하고 추억도 만들었다고 회고한다. 네 번째 집은 위에서 소개한 샌프란시스코 교외의 저택이었다.

다시 인터그룹 프로젝트로 돌아와서 브래디는 이때의 경험을 매우 유익하고 만족스러운 것으로 자평한다. 그러나 타바가 부담스럽고 강압적이고 어려운 사람이라는 세간의 평가도 잊지 않는다. 물론 브래디가 가까이에서 보았던 타바는 또 다른 모습이었다. 그녀는 타바를 가부장적이고 관료주의적인 조직문화에 반대했던 민주적이고 공정한 사람으로 묘사한다. 타바가 중시한 원칙은 사람들 개개인을 존중하고 그들 각자의 의견을 가치 있게 여기는 가운데 협력을 통해 상생하는 것이었다고 브래디는 말한다.

브래디는 타바에게 특별히 제자라고 할 만한 사람들이 없었기에 오히려 그녀를 따르는 사람들이 많았다고 주장한다. 그녀는 타바의 성격이나 일하는 스타일이 권위적인 것하고는 거리가 멀어서 사람들이 자기를 특정 계보의 영수로 삼거나 지식의 아이콘으로 추종하는 것을 바라지 않았다고 말한다.

그럼에도 브래디는 타바를 그녀의 멘토로 간주한다. 브래디는 타바를 만나 그녀처럼 살고 일하는 방식이 의미 있다는 것을, 이런 식의 생각들과 목적들이 중요하다는 것을, 삶의 자세와 일하는 모습이 일관될 수 있다는 것을 배웠다고 말한다.

마지막으로 브래디는 그녀뿐만 아니라 다른 이들에게도 크게 영향을 주었던 타바의 유산을 네 가지로 정리한다. 첫 번째는 특정 아이디어가 누구의 것인지를 따지지 말고 그런 아이디어를 다수가 공유하면서 자유롭고 개방적으로 논의하는 것이 중요하다는 타바의 신념이다. 이는 오로지 누가 무엇을 가장 먼저 출간했는지에만 정신이 팔려 모두들 앞으로만 전진하는 현대 대학사회의 경쟁적이고 성과중심적인 풍토와 좋은 대조를 이룬다는 것이 브래디의 평가이다.

두 번째는 브래디가 타바의 세미나에서 처음 들었던 '부수적인 학습'의 개념이다. 타바는 우리가 학습의 모든 차원을 아우르는 의식적이고 의도적인 계획을 수립하지 않으면, 학습자들은 본래의 의도나 바람과는 다른 태도, 감정, 사고방식 등을 부수적으로 습득할 수 있다고 경고하였는데, 브래디는 특히 인터그룹 교육에서 이런 문제가 발생할 수 있음에 주목한다.

세 번째는 타바의 귀납적 접근이다. 브래디는 타바의 교육과정 개발 과정을 친숙한 것으로부터 시작하여 점차 새로운 것을 알고 새로운 수준의 이해에 도달하는 귀납적인 것으로 설명한다. 주지하듯, 타바의 《교육과정 개발: 이론과 실천》(1962)은 20세기 중반의 가장 중요한 교육과정 텍스트의 하나였다. 브래디는 이 책의 제목과 관련된 일화를 들려준다. 그녀는 타바가 원래 책의 제목으로 '교육과정 개발의 과정'을 염두에 두고 있었다고 증언한다. 그런데 그보다 몇 해 전에 출간된 제롬 브루너의 책이 '교육의 과정'이라는 제목을 달고 있어서 타바가 마음을 고쳐먹었다고 설명한다. 가뜩이나 교육학을 독립된 연구 분야로 간주하지 않는 브루너와 같은 심리학자가 제목만 보고 그녀의 책을 자기 책에서 파생된 것쯤으로 치부해 버릴지도 모른다는 생각에서였다. 흥미로운 점은 브루너가 아닌 타바야말로 '교육의 과정'에 조예가 깊은 정통 교육학자였다는 것이다. 브래디는 타바가 존 듀이의 학생이었음은 물론 그녀가 이미 30년 전에《교육의 역동성》(1932)을 출판한 신실한 교육학자였음을 상기시킨다.

네 번째는 협동학습에 대한 타바의 관점이다. 브래디는 타바가 단지 학습의 방편으로만 협동학습을 주장한 것이 아니라 그것을 매개로 학습공동체의 형성이 가능하다는 점을 강조했다고 말한다. 타바에게 협동학습은 사회변화를 위한 공동의 노력을 의미하였던 것이다.

브래디는 타바가 늘 위에서 말한 방식대로 일을 하였을 것이라고 생각한다. 그녀가 타바를 만나기 전에도, 그녀와 인터그룹 프로젝트를 함께 할 때도, 샌프란시스코에도 만년을 보냈을 때도 말이다. 그리고 그 결실을 꼭 자기가 보지 못한다 하더라도 언젠가 그러할 것이라고 믿고 묵묵히 자신의 몫을 다했을 사람이라고 덧붙여 평한다.

05

보이드 보드

⋮

보이드 보드
Boyd H. Bode

1873. 출생

1896. 윌리엄 펜 칼리지(A.B.)

1897. 미시건 대학(A.B.)

1900. 코넬 대학(Ph.D.)

1900-1909. 위스콘신 대학 철학 및 심리학 교수

1909-1921. 일리노이 대학 철학 교수

1921-1944. 오하이오 주립대학 교육철학 교수

1953. 사망

케네스 와인트라우트가
들려주는 보이드 보드 이야기[†]

케네스 와인트라우트는 보이드 보드를 인간적이고 민주적인 사회를 꿈꾸었던 사람이자 삶의 문제에 충실한 교육 시스템을 바랐던 사람으로 소개한다. 그는 보드가 자기가 원하는 사회와 교육 시스템에 반하는 것들에는 '절대적'이라는 수식어를 붙였고, 그러한 장애물들을 제거하기 위하여 대화의 방법을 사용하였다고 말한다.

와인트라우트는 보드의 대화술이 소크라테스의 문답법을 닮았다고 회고한다. 그는 미리 정해진 각본 없이 그 옛날 소크라테스가 그랬듯 대화와 질문을 통해 학생들을 생각하는 일로 안내하였다. 그러다보니 보드가 온전히 강의만 하는 경우는 매우 드물었다고 와

[†] Kenneth Winetrout, "Boyd H. Bode: The Professor and Social Responsibility," ed. Craig A. Kridel *et. al., Teachers and Mentors: Profiles of Distinguished Twentieth-Century Professors of Education,* New York, 1996, pp. 71-79.

인트라우트는 증언한다. 오히려 보드는 강의를 하다말고 수시로 길고 짧게 학생들과 대화를 주고받았는데, 어떤 때는 수업 시간에 학생 한 명이나 여럿, 아니면 반 전체와 줄기차게 대화만 한 적도 있었다고 말한다.

와인트라우트는 보드가 학생들과 나누는 대화를 마틴 부버의 '나-너' 대화와는 다른 것으로 묘사한다. 그가 기억하는 보드는 일단 대화를 시작하면 심문 투의 질문들로 상대를 매몰차게 몰아붙이는 사람이었다. 그러나 폐부를 찌르는 날카로움만 있었던 것은 아니어서 자기가 너무 쏘아붙였다 싶으면 어느새 크게 헛기침을 하고 너털웃음을 터뜨리며 긴장을 누그러뜨렸다고 부연한다.

자주 큰 소리로 헛기침을 하고 껄껄거리는 사람, 그게 바로 학생들이 알고 있는 보드의 모습이었다고 와인트라우트는 전한다. 그의 눈에 보드는 어디까지나 선한 사람, 친절한 교수, 뛰어난 사상가였다. 특히 언어 사용이 매력 있고, 유쾌하고, 철저하고, 예리했던 사람이었다.

와인트라우트는 보드를 오하이오의 윌리엄 킬패트릭과 조지 카운츠로 부르고, 얼마간의 존 듀이의 기운도 서려있었다고 말한다. 그에게 보드는 세 사람을 한데 합쳐 놓은 모습이었지만, 최소한 교실 장면에서 보드는 해롤드 앨버티나 로라 저브만큼 영향력 있는 교사는 아니었다고 덧붙인다.

그럼에도 와인트라우트는 큰 키에 구겨진 파란색 정장을 입고 머리는 너저분한 보드가 어디에서든 존재감을 드러냈다고 넌지시 말한다. 그는 보드가 어떤 사람이었는지를 우리에게 알려준다. 보드는 잡다하게 여러 가지 일을 벌이는 사람이 아니었다. 그는 '개혁' 운운하며 강연이나 하며 돌아다니는 사람도 아니었다. 그에게는 조지 카운츠처럼 새로운 사회질서에 대한 청사진이 없었다. 당연히 교육과정 개혁에 대한 구상도 없었고, 전해줄 새로운 방법론도 없었다.

한편 보드의 사생활은 베일에 싸여 있어서 우리가 와인트라우트로부터 입수하는 정보는 그에게 아들이 있었고, 딸은 아버지의 뒤를 이어 교육철학을 공부했으며, 그 자신은 야구광이었다는 정도다.

분명, 보드에게는 비전과 사명이 있었다. 글머리에서 밝혔듯 '절대적'인 것들에 맞서 싸우는 것이었다. 이를 위하여 보드가 대화의 방법을 사용했음은 주지한 바와 같다. 와인트라우트는 반세기 넘게 회자되는 보드의 유명한 대화 몇 가지를 소개한다. 요지는 보드가 자신의 학생과 대화를 하든, 적과 대화를 하든, 친구나 동료와 대화를 하든 그는 하나같이 절대적인 것에 반하는 '성전'을 치열하게 치러냈다는 것이다. 그러다보니 보드처럼 타협을 모르는 사람과 대화를 하려면 마음을 단단히 먹어야 하겠지만, 그의 신실한 사명을 잘 알고 있는 사람이라면 그 자체로 훌륭한 학습 경험이라는 것이 와인트라우트의 설명이다.

잠시 와인트라우트는 1930년대 교육학계의 상황으로 회귀하여 당시 두 부류의 학자들이 있었다고 말한다. 하나는 워렛 차터스처럼 연구와 방법론을 강조하는 사람들이었고, 다른 하나는 철학과 이론을 중시하는 사람들이었다. 와인트라우트는 보드를 후자의 그룹으로 분류하는데, 아이러니하게도 세상은 그를 진보주의 교육을 대표하는 철학자로 기억하고 있어서 흥미롭다.

이제 와인트라우트는 보드를 먼 과거의 몇몇 기억 속 인물로 묘사하는 데서 벗어나 그가 남긴 지적 유산에 주목한다. 그는 보드의 책을 통해 세대를 이어져 내려온 그의 영향력을 추적한다. 교실에서 보았던 보드와 책에 살아남아 있는 보드가 서로 다른 사람이 아니라면, 우리는 보드의 책을 통해 그의 교실 세계를 엿볼 수 있다.

와인트라우트가 소개하는 책은 출판과 동시에 화제와 논란을 불러일으켰던 《기로에 선 진보주의 교육》(1938)이다. 그는 보드의 책이 그때나 지금이나 사람들로 하여금 민주주의 사회에서 교육의 역할이 무엇인지를 고민하도록 하고, 나아가 교육과 교육하는 사람들의 사회적 책무성을 환기시킨다고 말한다.

와인트라우트는 보드의 '민주주의와 교육'에 대한 논의가 절대적인 것에 반대하는 그의 평소 신념에서 비롯된 것이라고 본다. 그는 보드가 학문 세계에서 '전통'이라는 이름하에 묶이는 절대주의의 망령들(플라톤의 이상, 재산권, 민족주의, 인종적 독재, 종교적 독단

등)에 도전장을 내밀었음을 암시한다. 만일 보드의 믿음대로 전통이 서구 문명에 뿌리 깊게 박혀있는 귀족적인 삶의 방식을 대변하는 것에 불과하다면, 그래서 전통과 민주적인 삶의 방식 간의 충돌이 불가피하다면, 학교는 전통의 권위를 내세울 것이 아니라 그것이 우리 행동에 미치는 결과들에 주의를 기울여야 할 것이다.

와인트라우트는 절대주의의 환영을 걷어내는데 공헌하는 네 가지 변화에 대해 말한다. 첫째, 유동적인 세상에서 절대적인 진리를 주장하는 것이 점차 설득력을 잃고 있다. 둘째, 과학의 발달로 말미암아 전통적으로 믿어왔던 것들을 재고하려는 움직임이 있다. 셋째, 미래의 삶을 준비하기보다는 지금 여기에서의 삶을 중시하는 교육이 전통과 절대적인 것의 신화성을 제거하고 있다. 넷째, 민주주의와 학교의 이른바 '결혼'을 통해 보통 사람들이 자신들의 삶을 자각하고 그들 개개인의 목소리를 내기 시작했다.

특히 네 번째 변화와 관련해 와인트라우트는 보드의 민주주의 개념을 일견한다. 보드에게 민주주의는 일체의 권위에서 벗어나 우리의 삶을 공공의 이익과 개인의 발달을 극대화하는 방향으로 재구성하는 것을 의미하였다. 얼핏 보아도 듀이의 삶의 방식으로서의 민주주의 개념과 대동소이하다. 한 걸음 더 들어가 보면, 보드의 보통 사람들에 대한 신념과 그가 말하는 민주주의와 교육의 관계가 듀이 교육철학의 산물처럼 보인다. 이쯤에서 와인트라우트는 보드가 왕성하게 활동하던 시기가 진보주의 교육, 프래그머티즘, 듀이 교육철학이 한창 성행하던 1920-30년대였음을 기억해 낸다.

마지막으로 와인트라우트는 보드의 유산에 대해 말한다. 먼저 교수로서의 보드의 모습에 주목한다. 단연 보드의 대화법이 돋보인다. 그가 구사하는 개방적인 대화는 우리의 성장과 진보와 영감의 원천으로서 부족함이 없을 것이다. 다음으로 보드의 민주주의에 대한 확고한 신념이다. 그의 일반 대중에 대한 믿음은 학교의 역할이 의식적이고 민주적인 시민을 길러내는데 있음을 주지시킨다. 결국 보드의 사명은 보통 사람들과 민주주의 사회를 위해 절대적인 것에 맞서 싸우는 것이었고, 그것이 그가 후대에 전하는 메시지이기도 하다.

06

엘리엇 아이즈너

⋮

엘리엇 아이즈너
Elliot Eisner

1933. 출생

1954. 루즈벨트 칼리지(B.A.)

1955. 일리노이 공과대학(M.S.)

1958. 시카고 대학(M.A.)

1962. 시카고 대학(Ph.D.)

1956-1958. 시카고 고등학교 교사

1960-1961. 오하이오 주립대학 미술 강사

1961-1965. 시카고 대학 교육학 교수

1965-2014. 스탠포드 대학 교육학 및 미술 교수/명예교수

2014. 사망

토마스 바론이 들려주는
엘리엇 아이즈너 이야기[†]

    토마스 바론은 스탠포드를 선택한 이유를 자신의 탈기능적인 교육철학과 엘리엇 아이즈너와 잘 맞을 것이라고 생각했기 때문이라고 설명한다. 그는 박사과정을 지원하기 전에 아이즈너의 글들을 읽어보았다고 말한다. 특히 아이즈너의 "교육목표: 도움이 되는가, 방해가 되는가?"는 당시 신성불가침으로 여겨지던 목표 운동의 한계를 지적하는 것으로서 바론의 뇌리에 깊이 남았던 것 같다.

    바론은 아이즈너와의 첫 만남을 1974년 늦여름으로 기억한다. 한참 기능주의 교육관이 성행하던 시절에 그러한 접근이 마음에 들지 않는다고 호기 있게 스탠포드 행을 결정한 바론이었지만, 이 눈이 초롱초롱한 대학원생도 아이즈너라는 '거산' 앞에서는 왜소한

[†] Thomas E. Barone, "From the Classrooms of Stanford to the Alleys of Amsterdam: Elliot Eisner as Pedagogue," ed. Craig A. Kridel *et. al., Teachers and Mentors: Profiles of Distinguished Twentieth-Century Professors of Education,* New York, 1996, pp. 105-116.

존재에 불과했던 모양이다.

한편 아이즈너는 우리가 알고 있는 모습 그대로였다. 교육학과 미학 사이를 오가며 예술, 교육과정, 가르치는 일, 평가 간의 상호 관련성을 탐구하고 있었다. 바론의 설명대로 아이즈너에게 교육 활동은 각종 예술 활동과 마찬가지로 우리의 판단을 거쳐 의미를 창출하는 일이었다. 아이즈너는 예술 작업과 마찬가지로 교육에서도 최후의 결과물을 예견할 수 없다고 생각했다. 최종 비전은 예술가와 질료, 교사와 학생, 학생과 교육내용 간의 주고받는 과정을 통해 차츰 윤곽을 드러내 보일 뿐이었다. 부연하면, 예술가는 기대에 부풀어 여행을 떠난다. 청사진 따위는 없다. 길을 가다가 예기치 않은 일을 만나고 그때마다 경험의 중재로 우연과 타협을 하며 최종 비전을 만들어간다. 좋은 교사도, 열정적인 학생도, 아니 우리 세상살이 자체도 그런 것 아닌가? 툴레인 대학 도서관에서의 1년여의 탐색 끝에 바론이 마주한 아이즈너는 이렇게 되묻는 사람이었다.

바론에게 박사과정은 한 개인의 학문적 여정이다. 외로움을 수반하는 침묵의 과정이다. 자신이 선택한 학문 분야에서 경험하는 지적인 모험이다. 진솔함을 드러내지만, 그래서 위험하다. 바론이 아이즈너의 스탠포드라는 안전한 공간을 선택한 이유이다.

당연히 바론은 박사논문을 대형 프로젝트의 일환으로 작성하는 관행을 비판한다. 학위논문을 쓰는 일은 지도교수의 미리 짜진 각본에 따라 퍼즐 판을 채우는 기계적인 작업이 아니라는 말이다.

그럼, 지도교수의 역할은 무엇인가? 바론은 '물러섬'의 미학을 이야기한다. 즉, 학위논문을 작성하는 학생 개인의 지난한 여정에서 지도교수는 슬쩍 비껴서 필요할 때만 '소금'(비판과 조언)의 역할을 해야 한다는 것이다. 물론 아직 코스 중인 경우에는 교실 안팎에서 학생과 수시로 대화를 나누고 많은 가르침과 배움을 공유해야 한다.

바론은 먼저 아이즈너의 교실 속 풍경을 전한다. 그의 첫 번째 아이즈너 수업은 '교육과정 이론과 교육과정 변화'였다. 교육과정 입문 코스로서 아이즈너가 그의 학생이었던 엘리자베스 밸런스와 함께 편찬한 책을 가지고 교육과정에 대한 서로 다른 개념들을 소개하는 것이었다. 두 번째 수업은 예술에 기반을 둔 질적 연구에 관한 것으로서 그때만 해도 아이즈너의 새로운 관심사였다.

바론이 기억하는 아이즈너의 수업은 사전 조율을 최소화한다는 특징이 있었다. 그는 아이즈너가 미리 상세한 일정, 지도, 대본 같은 것을 준비하지 않은 채, 혼자 아니면 몇몇 대학원생들과 상의하면서 앞으로 다룰 주제, 쟁점, 읽을거리 등을 확인하는 것으로서 교수요목을 대신하였다고 말한다. 진짜는 그 다음의 여정이었다. 바론은 아이즈너의 수업에서 청중 앞 배우의 독백처럼 일방적이나 지적으로 신선한 대화를 목격하였고, 나아가 교수와 학생 누구도 예상치 못한 흥미로운 관념의 골목길로의 일탈을 경험하였다고 이야기한다.

이제 바론은 교실 밖으로 눈을 돌린다. 그곳에는 아이즈너의 비공식적인 모임이 있었다. 바론은 아이즈너가 대여섯 명의 박사과정 학생들과 함께 '질적 연구회'를 결성하여 매주 예술적인 형태의 질적 연구, 특히 예술비평과 교육비평과 관련된 주요 쟁점들을 논의했다고 증언한다. 이런 회합은 정규 코스가 아니어서 참석자들은 지도 없이 미지의 세계를 자유롭게 탐험할 수 있었고, 이때의 경험은 바론에게 스탠포드 시절 최고의 추억으로 남았다.

바론은 질적 연구회의 필독서로 존 듀이의 《경험으로서의 예술》(1934)을 가장 먼저 꼽는다. 이 책은 당시 아이즈너가 가장 즐겨 읽던 책이었다. 그리고 그때 이후 바론에게도 그러했다. 바론은 아이즈너가 듀이의 예술비평 개념에 근거하여 미리 정해진 결론 없이 학생들을 교육했다고 말한다. 그가 기억하는 아이즈너의 방법은 느슨한 형태의 소크라테스 문답법에 내적 감수성에서 비롯된 통찰과 폭넓은 외부 경험을 한데 합쳐 놓은 것이었다.

바론은 아이즈너와 그의 학생들이 매주 화요일 저녁 자발적으로 질적 연구회 모임을 가졌던 이유를 그들의 삶에 대한 사랑과 그곳에서의 경험을 통한 생명성의 고양으로 설명한다. 물론 아이즈너의 경우에는 비평가 및 교사로서의 역할이 추가되었다.

바론은 이 모임의 발단을 아이즈너의 관심사를 공유하면서 인식의 지평을 넓히고 판단력을 연마하려는 학생들의 지적 욕구에서 찾는다. 그러나 아이즈너 입장에서도 자기가 보았던 광경을 아직 보지 못했던 학생들과 여행을 떠날 필요가 있었고, 그들을 그 자신의 학문적 삶을 가치 있게 만들어주었던 경험들로 안내하고 싶었던 것 같다. 그것은 세상의 뛰어난 것들을 의식하고, 그것들을 깊이 감지하고, 넓게 인식하고, 온전히 경험하면서 삶의 진정한 가치를 비평/판단할 수 있는 '감식안'을 길러주는 여정이었다.

계속해서 바론은 지도교수로서의 아이즈너의 모습에 주목한다. 그는 아이즈너가 예술에 기반을 둔 질적 연구라는 생경한 영역을 탐험하는 학생들에게는 학문적 대부와 같은 존재였다고 말한다. 아직 자생력이 부족한 대학원생들의 경우에는 전통주의자들의 날선 공격으로부터 자신들을 보호할 그늘막이 필요했고, 그 역할을 아이즈너가 자임했다는 것이다.

이와 관련해 바론은 그의 1979년 박사논문 심사에 대한 기억을 떠올린다. 그날의 경험은 그에게 썩 유쾌하지만은 않았던 것 같다. 그는 심사위원들 중에 이른바 '사냥감을 찾아 돌아다니는' 전통주의자들이 몇몇 있었고, 예상대로 그들의 '심문'은 방법론(예컨대 질적 연구에서의 타당도의 의미, 객관성, 주관성 등)에 집중되었다고 말한다. 바론은 그가 아이즈너의 학생이었기 때문에 전통주의자들이 의심의 눈초리를 누그러뜨렸다고 생각한다. 아이즈너의 신용과 위상 덕분에 살아남았다는 소회다.

바론은 스탠포드 시절을 회상하며 확실히 혼자서는 싸울 엄두도 내지 못했었을 것이라고 고백한다. 그의 곁에는 아이즈너가 있었다. 위험을 무릅쓰고 아방가르드적인 개념들을 옹호하는 지적으로 진실하고 자신이 선택한 영역에서 책임 있게 행동하는 용기 있는 멘토 말이다.

바론은 아이즈너 교육학의 핵심으로 상상력과 판단력을 꼽는다. 그는 아이즈너가 주변의 학생들과 동료들을 새로운 경지로 데려갔다고 평가한다. 그곳에서 그들이 교육과정 설계, 수업, 연구, 평가 등을 기술공학적인 수준을 넘어 예술비평적인 활동들로 이해했음은 의심의 여지가 없다.

바론에게 아이즈너는 그의 직업적 책임을 다하는 용감한 지적 리더였을 뿐만 아니라, 상대방을 존중할 줄 아는 참된 의미에서의 교육자였다. 그는 아이즈너의 지적 정중함을 다음과 같이 설명한다. 우선 아이즈너는 주변에서 자신의 연구방법을 두고 갑론을박을 벌일 때도 관대하고 열린 자세로 상대방의 의견을 경청하는 사람이었다. 다음으로 아이즈너는 타인의 몫을 뺏어서 자기 것으로 만드는 사람이 아니었다. 실제로 그는 사회과학 연구의 희생을 담보로 예술적인 연구의 정당성을 주장하지 않았다. 그저 기존의 연구 테이블에 새로운 자리를 하나 더 마련해 줄 것을 정중히 요청했을 뿐이다.

바론은 아이즈너의 이런 지적 리더십이 그동안 예측 가능한 방향으로만 움직였던 교육 분야 종사자들에게 놀람과 경탄을 선사했고, 그의 학문적인 노력이 교육 연구의 지평 확대에 공헌했다고 말한다.

07

막신 그린

막신 그린
Maxine Greene

1917. 출생

1938. 버나드 칼리지(B.A.)

1949. 뉴욕 대학(M.A.)

1955. 뉴욕 대학(Ph.D.)

1956-1957. 몽클레어 주립칼리지 영어학 교수

1957-1965. 뉴욕 대학 교육학 교수

1965-2014. 콜롬비아 대학 교육철학 교수/명예교수

2014. 사망

윌리엄 아이어스가 들려주는
막신 그린 이야기[†]

일찍이 존 듀이가 강연을 하던 고색창연한 티처스 칼리지 강당에서 윌리엄 아이어스는 막신 그린을 처음 보았다고 말한다. 아이어스는 그 날의 기억을 떠올린다. 이제 막 대학원에 입학한 그는 주변의 권고로 그린의 철학 강의에 참석했지만, 그녀를 만나본 적이 없는 데다 옛 건물의 퀴퀴한 냄새에 강연 주제도 진부하여 별다른 기대는 하지 않았던 것으로 보인다. 다만 우연찮게 연단에서 얼마 떨어지지 않은 자리에 앉는 바람에 그린을 좀 더 가까이서 볼 수 있었던 것 같다.

아이어스는 시끌벅적한 학생들 사이를 가로질러 양 어깨에 수업 자료가 가득 담긴 무거운 가방을 하나씩 매고 천천히 연단을 향해

[†] William Ayers, "Doing Philosophy: Maxine Greene and the Pedagogy of Possibility," ed. Craig A. Kridel *et. al.*, *Teachers and Mentors: Profiles of Distinguished Twentieth-Century Professors of Education*, New York, 1996, pp. 117-126.

걸어오는 그린의 모습을 기억한다. 학생들 가운데 파묻혀서인지, 아니면 어깨를 짓누르는 무거운 가방들 때문인지 그녀의 가뜩이나 작은 체구는 더 작아 보였지만, 아이어스는 이런 그녀가 무리 한가운데서 밝게 빛나는 태풍의 핵과 같은 존재였음을 잊지 않는다.

이어지는 수업 장면에서 아이어스는 그린의 강의가 옛 친구와의 대화처럼 격식 없이 이어지다 말다를 반복하는 즉흥적이고, 친밀하고, 불완전하고, 앞을 향해 나아가는 것이었다고 말한다.

그녀의 주제는 '철학하기'였다. 아이어스는 그린에게 철학하기란 명제를 분석하거나 명료한 언어를 탐색하는 것이라기보다 우리 자신의 생생한 삶과 관련된 실천적인 문제들을 제기하는 것이었다고 말한다. 그랬기에, 그녀는 우리에게 뜨내기 관광객보다 진지할 것을, 관료주의와 기능주의의 가벼움을 떨쳐낼 것을 요구한다고 부연한다.

아이어스는 그린이 말하는 방식에서 브루클린에서 자란 흔적을 감지하고, 그 안에 담겨 있는 그녀의 문학, 실존주의, 정치학을 아우르는 아방가르드적인 요소를 본다. 그리고 그녀의 담배내음 짙은 허스키한 목소리로 전하는 분명한 목적과 열정에 주목한다.

아이어스를 매료시킨 것은 그린의 철학적인 문제의식이었다. 그것은 자유, 공정함, 권리, 비판적 반성, 미학적 인식, 성장의 가능성, 간문화적 이해 등에 관한 질문들로 구체화되었다. 그는 그린이 이런 철학적인 문제들로부터 그녀의 학생들을 비판하고, 질문하고,

음미하고, 생각하는 작업, 즉 철학하는 일로 안내했다고 설명한다. 그녀에게 철학은 의식을 일깨우고, 삶의 쟁점들과 직면하고, 주변 상황에 의문을 품고, 드러나 보이는 것에 신중함을 견지하는 일이었기 때문이다.

아이어스는 그린과 '철학하기'가 재밌으면서도 고단한 작업이었다고 그때를 회상한다. 무엇보다 그녀를 따라가기가 벅찼다고 토로한다. 그는 그린이 어느 것 하나 허투루 보는 사람이 아니어서 우리가 놓치는 조그만 부분까지 세밀하고 미묘하게 들여다보았다고 말한다. 또한, 그린의 왕성한 독서욕에 감탄하며 그녀의 박학다식함이 철학, 문학, 과학, 예술, 정치학, 시, 교육연구, 페미니즘 등을 넘나드는 독서의 결과임을 암시한다. 아울러 그녀의 사고가 영화, 음악, 미술, 일상적인 대화, 우연한 만남, 춤, 정치적 연대에까지 미쳐 있었음에 놀라워한다. 흥미로운 점은 그린이 그녀의 다방면에 걸친 지적 관심들을 교실 안으로 가지고 들어와서 그것들을 한데 녹여내는 재주가 뛰어났다는 것이다.

그린의 수업은 그녀 자신의 생생한 경험으로부터 비롯된 것이어서 언제나 즉석에서 연주하는 것처럼 생동감 넘치고, 창의적이었던 것처럼 보인다. 그러나 아이어스는 그 이면에 놓여 있는 그린의 일관된 신념과 목적을 또한 놓치지 않는다. 그는 그린의 수업이 학생들의 입장에서 저마다 상상의 나래를 펴고, 끊임없이 질문을 던지고, 열린 마음으로 대화에 참여하면서 그들이 그동안 당연시 여겼거나 아무 생각 없이 지나쳤던 문제들을 새롭게 인식하는 계기가 되었다고 말한다.

아이어스는 그린이 스스로 자기 전공이라 말했던 역동적인 삶의 상황에 주목한다. 그린은 불확실한 세상에서 학생들이 자신들의 선택에 따라 자유와 책임을 실천하는 삶을 살기를 바랐던 것으로 보인다. 그린이 자신의 학자로서의 정체성을 어느 특정 분야에 묶어두지 않았음은 잘 알려진 사실이다. 아이어스의 기억 속 그린도 철학, 인류학, 문학, 심리학, 과학, 예술 등 다양한 장르를 유쾌하게 넘나들며 제 학문의 경계를 흐릿하게 만드는 사람이었다. 그녀는 그것이 무엇이든지 간에 우리의 의문을 자아내고, 우리 자신의 문제를 다루고, 우리가 처한 상황과 관련된다면 탐구할 가치가 있다고 믿었다.

아이어스는 그린의 철학을 의미, 의식, 자유, 의문, 가능성, 도덕 등 몇 가지 키워드로 정리한다. 그는 그린의 수업에서 간단하고, 자명하고, 결정된 것은 하나도 없었다고 말한다. 그가 지켜보았던 그린은 원리, 관습, 법령 운운하는 사람이 아니었다. 자신의 세상에서 자신의 원칙만 가지고 사는 사람도 아니었다. 그녀는 각종 유행, 관습, 신조에 얽매이지 않은 채 우리의 이익, 우리의 권리, 우리의 선택에 따른 책임을 주장했던 사람이었다.

아이어스는 그린의 수업이 정해진 것에 의문을 제기하고, 당연시하는 것에 도전장을 내밀고, 선택과 책임의 삶을 독려하는 것이었지만, 그렇다고 교실의 공기마저 무거운 것은 아니었다고 말한다. 오히려 그는 그린을 재치 넘치고, 재미있고, 유머 감각이 뛰어난 사람으로 묘사한다. 당연히 그녀의 수업도 종종 그러했던 것 같다.

아이어스는 그린이야말로 복잡한 세상에서 지도 없이 자신의 선택에 따라 삶을 살았던 사람이라고 평한다. 그는 그린을 가리켜 생각이 분명하고, 관점이 명확하며, 행동할 줄 아는 사람이었다고 말한다. 그녀가 세상 모든 것에 의문을 품고 세상 모든 것을 탐구하는 사람이었음은 주지한 바와 같다. 이런 사람이었으니 그녀만큼 자신이 옳다고 믿는 가치들을 주장하고 실천하는데 열심인 사람도 없었을 것이다. 그러나 그린은 그녀 자신을 당연시하며 고정된, 경계가 지어진, 한정된 틀 속에 가두는 일에는 단호히 반대했다. 실제로 그린은 여성의 권리, 평화, 환경 등을 옹호하는 입장이었지만 스스로를 페미니스트, 반제국주의자, 환경주의자로 자임하지 않았고, 교육과정 재개념화 운동에 공감하면서도 '재개념주의자'라는 타이틀은 거부하였으며, 비판교육학에 동조하면서도 '마르크스주의'라는 꼬리표는 떼어냈다.

아이어스는 나이 마흔 살에 학위나 얻을 요량으로 티처스 칼리지로 돌아왔다고 말한다. 그는 최소한으로 학점을 채우고, 필요한 언어만 습득하여 무난히 졸업하기를 바랐다고 털어놓는다. 특별히 어려운 것도, 딱히 영양가 있는 것도, 심각한 도전도 없을 것이라고 예상했지만, 그곳에는 그린이 있었다. 그의 예상이 빗나간 것이다.

아이어스는 스스로를 그린의 그저 그런 학생이었다고 말한다. 그러나 그의 그린에 대한 평가도 그러했던 것은 아니다. 오히려 그는 그녀를 관대한 사람, 친근한 사람, 겸손한 사람으로 치켜세운다. 그러면서 이러한 자질이 그녀의 내적 안정감, 지혜로움, 성숙함의 발로였다고 덧붙인다.

결론적으로 아이어스에게 그린과의 만남은 좋은 추억으로 남았던 것 같다. 특히 그녀의 학문적 격려와 자극으로 말미암아 그는 비로소 일상을 반추하며 주변을 넓고 깊게 보는 것, 즉 '철학하기'를 배웠다고 고백한다. 그 덕에 그는 계속해서 더 많이 읽고, 더 눈을 크게 뜨고, 관습의 벽에 도전하며 아직 오지 않은 새로운 가능성을 생각하게 되었다고 말한다.

08

필립 잭슨

필립 잭슨
Philip W. Jackson

1928. 출생

1951. 글래스버러 주립칼리지(B.S.)

1952. 템플 대학(M.Ed.)

1954. 콜롬비아 대학(Ph.D.)

1954-1955. 웨인 주립대학 교육심리학 교수

1966-1975. 시카고 대학 실험학교 교장

1955-1998. 시카고 대학 교육학 및 심리학 교수

2015. 사망

데이비드 한센이 들려주는
필립 잭슨 이야기†

데이비드 한센은 시카고 대학에서 대학원 공부를 하면서 필립 잭슨의 수업을 여섯 번 들었고, 그의 리서치 프로젝트에 보조연구원으로 참여하였으며, 그가 자신의 학위논문 심사를 주재하였다고 말한다. 한센은 잭슨을 가리켜 개인적으로는 유머 감각과 삶의 환희가 넘쳐나는 사람이었고, 교사로서는 40년이 넘게 그만의 단호한 방식으로 교수직을 수행한 사람이었다고 평한다.

한센은 잭슨의 탐구와 대화에 대한 열정이 남달랐다고 회고한다. 그는 존 듀이의 반성적 사고와 닮은 구석이 있었지만, 그렇다고 소크라테스의 문답법만큼 '병적'인 것은 아니었다고 부연한다.

흥미로운 점은 1950년대 잭슨이 대학에 첫 발을 내딜 때만 하더라도 그는 교실에서 주구장창 '강의'만 하는 사람이었다는 것이

---

† David T. Hansen, "In Class with Philip W. Jackson," ed. Craig A. Kridel *et. al.*, *Teachers and Mentors: Profiles of Distinguished Twentieth- Century Professors of Education,* New York, 1996, pp. 127-138.

다. 한센은 이런 그에게 변화가 꽤 일찍부터 감지되었다고 말한다. 아무래도 그의 교육심리학에 대한 지적 관심이 시들해지는 것이 발단이었던 것 같다. 그러다가 잭슨이 1968년에 《아동의 교실생활》을 출간하자 모든 것이 달라졌다. 한센은 잭슨의 책으로 말미암아 많은 교육 연구자들이 실험연구의 '마법'에서 풀려나 오늘날 우리가 질적 연구라고 부르는 것에 관심을 갖게 되었다고 말한다. 잭슨 개인적으로도 이 책은 교육에 대한 철학적 관심이 그의 학문 생활의 중심을 차지하는 계기가 되었던 것 같다. 자연스럽게 그의 수업 방식도 강의 중심에서 반 전체가 참여하는 토론 중심으로 바뀌었고, 교실에서 잭슨은 소크라테스처럼 외골수로 학생들을 몰아붙이지는 않았어도 한센의 표현대로 꼬리 끝에 맹독성 가시가 달려 있는 가오리가 되었다.

한센은 잭슨의 수업이 늘 질문과 함께 시작했다고 증언한다. 그는 잭슨이 수업 시간에 다루는 개별적인 텍스트와 사상들에 대해 질문하였는데 많은 학생들이 그들에게 익숙지 않은 철학적 질문들에 당황했다고 당시를 회고한다. 그는 잭슨이 쩔쩔매고 있는 학생들을 대신하여 설명하는 경우가 없었다고 단언한다. 그러니 잭슨의 수업에서는 학생들이 입을 열고 자신들의 생각을 말하는 것 말고는 다른 방법이 없었다. 일단 학생들이 그들의 의견을 제시하면 잭슨은 그것을 재진술하면서 명료하게 정리해 주었는데, 그의 이러한 능력은 학생들의 감탄을 자아낼 만큼 출중했던 것으로 보인다.

계속해서 한센은 잭슨의 토론 방법에 대하여 이야기한다. 그는 잭슨이 항상 열린 자세로 학생들과 대화를 나누었다고 말한다. 그의 교실에서는 누구나 새로운 문제를 제기하고 대화의 방향을 제안할 수 있었음은 물론, 미리 정해진 수업 계획에 따라 그들이 반드시 읽고 논의해야만 하는 중심적인 문구들과 중요한 개념들도 없었다. 그러다보니 한센은 잭슨과의 수업이 매번 미지의 세계를 향해 나아가는 지적 모험과도 같았다고 회상한다. 그곳에서 학생들은 '답'을 찾기 위해 읽었던 것이 아니라 '생각'하기 위해 읽었다. 교실 속 대화도 새로운 가능성을 탐구하는데 목적이 있었다. 예컨대 그들은 플라톤, 루소, 듀이가 교육에 관해 무엇을 말했는지를 반복하기보다 그것이 함의하는 바를 곱씹으며 자신들의 사고를 최고로 연마했던 것이다.

한센은 잭슨의 질문들에 자극을 받은 많은 학생들이 참된 지적 해방감을 맛보았다고 말한다. 그러나 잭슨의 가시에 찔리지 않으려고 그와 의식적으로 거리를 두는 학생들도 더러 있었던 것 같다. 한센은 이런 학생들이 자신들의 옛 신념과 의견을 고수하거나, 특정 작가의 경력이나 운운하거나, 기존의 권위 있는 해석 뒤에 숨거나 하면서 교실 속 대화 자체를 회피하였다고 전한다. 심지어 일부에서는 대학원 공부가 자신들이 이미 알고 있는 것을 보여주는 것이지 새로운 것을 배우는 것이 아니라는 주장까지 들먹였다고 한다.

그러나 잭슨은 전혀 아랑곳하지 않고 텍스트 자체에만 주목하면서 교실 속 지적 대화를 이어갔던 것으로 보인다. 한센은 잭슨이 이런 부류의 학생들을 다루는 태도가 솔직하면서도 가차 없었다고 말한다. 그렇다고 불친절했다는 것은 아니다. 최소한 한센이 기억하기로 잭슨은 그들의 학문적 유기에 대한 판단을 직접 내리기보다는 반 전체의 결정으로 유예하고 대체하였다. 다만 교실 안에서 되는대로 그때그때 아무 의견이나 내놓고 스스로 만족한 듯이 살아가는 학생들에 대해서는 화를 주체하지 못했던 것 같다.

한센이 잭슨의 교실로 회귀하여 얻은 교훈은 스스로 생각하는 법을 배우는 것이 인생에서 부차적인 것이 아니라 인생 그 자체라는 것이다. 잭슨의 가르침은 텍스트 속 저자의 의도를 파악하기 위해 노력하고 교실 속 타자의 의견을 경청하면서 그들이 말하는 것에 비추어 우리 자신이 어떤 형태의 삶을 살 수 있는지를 진지하게 궁리하라는 것이었다. 부연하면, 그들의 말에 진지하게 귀를 기울이면서 우리 자신의 사고방식과 무엇이 다른지를 비판적으로 따져보아야만 새로운 아이디어와 가능성이 무엇인지를 이해할 수 있다는 말이다. 이것은 우리 자신의 편향된 관점에서 텍스트를 읽는 것과는 판이하게 다르며, 전문가의 고견이랍시고 무비판적으로 수용하거나 교수의 '정답'만을 기다리는 비교육적인 태도와도 거리가 멀었다는 것이 한센의 설명이다.

자연스럽게 한센은 잭슨의 교실에 감돌던 긴장감에 대해 이야기한다. 그는 잭슨이 지적 분위기를 고양시키기 위하여 학생들에게 그들의 주의를 오로지 텍스트 속 아이디어에만 집중할 것을 요구하였다고 말한다. 그의 밀도 있는 수업에서 철학적 질문 사이로 개인적인 일화나 진술 따위가 비집고 들어갈 틈이 없었음은 물론, 잭슨은 심지어 학생들의 이름이 아닌 성을 부르면서 그들과 일정 거리를 유지했던 것으로 보인다. 한센은 잭슨의 의도에 의구심을 표하면서도, 그것이 지적인 생산성을 높이기 위한 것이었다고 설명한다. 이런 잭슨은 교실에서 친구처럼 다정하지는 않았지만, 그렇다고 가부장적인 권위만 내세우지도 않았던 것 같다. 한센이 기억하는 잭슨은 개인적인 판단중지 상태에서 공정한 의견을 개진하는 사람이었다. 그는 학생들을 교육하는 사람이었지 그들을 즐겁게 해주는 사람이 아니었던 것이다.

한센은 잭슨이 박사과정을 지적인 과업으로 여겼고, 교육의 과정에서 학생들의 독립적인 사고와 주체적인 역할을 강조했다고 말한다. 그의 눈에 몇몇은 정말이지 잭슨의 바람만큼이나 지적으로 탁월한 학생들이었고, 꼭 그렇지 않아도 대부분은 잭슨의 수업을 통해 지적으로 진지한 학생들로 거듭났다.

그렇다고 잭슨이 교실에서 차갑고 도도한 사람이었다고 생각하면 오산이다. 한센은 잭슨이 학생들의 의견에 대해 개인적인 판단을 유보한 것을 두고 그 자신이 최종 결정권자가 되어서는 안 된다고 생각했기 때문이라고 설명한다. 잭슨의 수업에서는 권위가 교사 한 사람의 판결에 있었다기보다는 모두가 참여하는 대화의 장에 있었던 셈이다.

한센은 잭슨의 수업이 때론 성가실 때도 있었지만, 그래도 나름 괜찮고 흥미로웠다고 회고한다. 특히 그의 가시 돋친 말이 교육 현안들에까지 미쳤을 때, 그것은 학생들에게 교육의 변죽만 건드리지 말고 그것의 본질로 들어가서 그들 자신의 가치와 가정을 비판적으로 반성하라는 분명한 메시지를 전달했던 것으로 보인다.

잭슨의 수업에서는 최근의 교육 연구물들을 많이 다루지 않았던 것 같다. 잭슨의 저작들도 예외가 아니어서 한센은 그의 학생이었던 6년 동안 잭슨의 그 많은 책과 논문들을 '과제'로 읽어본 적이 한 번도 없었다고 아쉬워한다. 한센은 잭슨이 개설한 강좌들로 '교사로서의 듀이', '교사로서의 비트겐슈타인', '교사로서의 워즈워스', '교사로서의 콜레리지' 등이 있었다고 일러준다. 물론 그는 '교육과정의 원리'나 '교육철학'과 같은 표준적인 강좌들도 열었다. 그러나 이런 강의들의 경우에도 교수요목에는 언제나 동시대 철학자들을 비롯하여 아리스토텔레스, 플라톤, 듀이와 같은 철학자들의 이름이 빠지지 않았던 것으로 보인다.

그 이유를 한센은 잭슨의 교육 분야에의 무지나 무관심에서 찾지 않는다. 그보다 인간행동 자체에 대한 그의 광의의 관심으로부터 그의 교육과정이 인간의 일상적인 경험(교육을 포함하여)을 연구했던 듀이, 비트겐슈타인, 워즈워스 등과 같은 사람들을 포함했다고 설명한다. 시, 회화, 예술을 망라하는 그의 오랜 지적 취향 역시 마찬가지였다.

한센은 또한 잭슨이 자기 자신과 그의 저작들에 특정 '상표'를 붙이는 시도들을 오랫동안 물리쳤기 때문에 그의 자유로운 지적 행보가 가능했다고 말한다. 잭슨은 교실에서 자신의 색깔을 드러내지 않았던 것과 마찬가지로 그의 사고방식과 학자로서의 정체성 역시 하나의 지적 브랜드로 수렴시키지 않았다. 한센은 그의 이런 유보적 태도가 사람들의 공분을 사는가 하면, 대학의 정형화된 학문 시스템에 위배되는 것이었음을 지적한다. 다만 잭슨의 너무나도 다채로운 지적 호기심과 부산함을 하나의 그릇에 오롯이 담는 일이 역부족이었음을 시인한다.

한센의 눈에 잭슨은 간혹 수수께끼 같은 인물로 보였다. 잭슨의 교육 연구와 그 분야에의 공헌은 누구 못지않게 뛰어난 것이었지만, 정작 그의 수업에서는 현재 진행 중인 교육 연구나 이 분야의 전문적 지식에 대한 것이 주를 이루지 않았다. 그런 것들은 학생들이 스스로 알아보거나 다른 교수들의 강의에서 공부하면 되는 '부차적'인 것에 불과했다. 한센은 잭슨의 수업이 이미 알고 있는 것이 아닌 새로운 것을 탐구하려는 지적 호기심에 바탕을 두는 것이었다고 말한다.

한센은 잭슨의 학문하는 자세를 간학문적인 것으로 규정한다. 그에게 학문을 한다는 것은 전공과 훈련과 소속이 상이한 연구자들이 한데 모여 지적 대화를 나누는 것을 의미하였다. 한센은 잭슨을 따라 이러한 간학문적인 연구 모임들에 더러 참석했던 것으로 보이는데, 그곳에서 잭슨이 같은 학과 교수들과 함께 있을 때만큼이나 다른 학과 철학자들, 문학비평가들, 인류학자들과 편안한 분위기를 연출하여 자못 놀랐던 것 같다. 잭슨이 어느 한 지적 캠프에 속하지도, 또 그것의 입장을 대변하는 사람도 아니었음은 이미 주지한 바와 같다. 그가 간학문적인 모임에서 제 집처럼 편안함을 느꼈다면, 그것은 어디까지나 정신적인 수준에서의 소속감이지, 결코 물리적인 것이 아니었음은 의심의 여지가 없다.

한센은 자기가 잭슨의 사도가 아니었음을 분명히 한다. 잭슨이 '추종자'라는 어리석고 모순적인 존재를 용인했을 리 만무하다. 한센은 그저 학생이었다. 잭슨의 수업에서 '으르렁'대며 치열하게 대화를 나누는 여러 학생들 중 하나였다. 잭슨 역시 조련사도 사육사도 아니었다. 학생들의 지적 야생성을 북돋는 교사였을 뿐이다. 여기에 교훈이 있다. 한센은 잭슨의 교사로서의 본보기에 주목한다.

그는 잭슨이 교실에서 끊임없이 질문을 던지며 학생들을 생각하는 일로 안내하는 역할에 충실했고, 그것이야말로 우리가 그를 닮아야 할 이유라고 말한다.

한센은 잭슨의 연구실을 방문하는 것도 그의 수업만큼이나 도전적인 과제였음을 인정한다. 그렇다고 잭슨이 인상을 잔뜩 찌푸린 채 연구실 문을 열어 주었다는 것은 아니다. 오히려 한센은 잭슨의 태도가 그의 교사로서의 책임을 다하려는 듯 매우 정중하고 주의 깊었다고 회고한다. 물론 성례를 치르는 것만큼 신성한 것도 아니어서 잭슨은 종종 장난을 치기도 하고 농담을 던지기도 하였다고 한다. 하지만 핵심은 그와의 수업만큼이나 연구실에서의 대화도 지적으로 솔직하고 학생들의 반성적 사고를 불러일으키는 교육적 행위였다는 것이다.

09

로라 저브

:

로라 저브
Laura Zirbes

1884. 출생

1925. 콜롬비아 대학(B.S.)

1926. 콜롬비아 대학(A.M.)

1928. 콜롬비아 대학(Ph.D.)

1903-1919. 클리블랜드 공립 초등학교 교사

1920-1926. 티처스 칼리지, 링컨 스쿨 연구원 및 강사

1928-1954. 오하이오 주립대학 교육학 교수

1967. 사망

폴 클로가 들려주는
로라 저브 이야기[†]

　폴 클로로는 로라 저브의 학문적 삶이 초등교육 분야의 성장과 궤를 같이하는 것이었음을 암시한다. 클로로는 저브를 패티 스미스 힐(유치원 교육의 진흥자인)과 같은 '불굴의 여성들'의 뒤를 잇는 2세대 여성 교육학자로 소개한다.

　클로로는 1946년 1월 어느 추운 아침 오하이오 주립대학에서 저브를 처음 만났다고 말한다. 클로로는 덩치 큰 한 여성이 양손에 각종 우편물과 뜯지 않은 소포들을 가득 들고 '아르프스 홀'로 통하는 문을 열고 있는 장면을 목격한다.

　잠시 클로로는 저브 시절 오하이오 주립대학이 어떤 곳이었는지를 설명한다. 클로로는 이 대학의 교육관이 그곳의 전임 학장 조지 아르프스의 이름을 따서 '아르프스 홀'이라고 불린다는 사실을 지적한

† 　Paul R. Klohr, "Laura Zirbes: A Teacher of Teachers," ed. Craig A. Kridel *et. al., Teachers and Mentors: Profiles of Distinguished Twentieth-Century Professors of Education,* New York, 1996, pp. 139-145.

다. 클로는 아르프스가 빌헬름 분트 밑에서 공부를 했던 행동주의 심리학자로서 그 건물의 꼭대기 층을 최소한 제2차 세계대전 이후 미국 심리학의 메카로 만들었다고 부연한다. 아울러 클로는 이 건물에 워렛 차터스의 교육연구소가 자리 잡고 있었음에 주목한다. 차터스가 교육과정을 개발하는 과학적인 방법에 관심이 있던 사람이었음은 익히 알려진 사실이다.

클로는 저브가 아르프스 홀의 이런 지적 분위기를 몹시 싫어했다고 전한다. 실제로 저브는 아르프스 홀의 과학적 세상과 그녀만의 또 다른 과학적 세상 사이에서 긴장을 느끼며 살았던 것으로 보인다. 클로는 저브의 대안적 세상이 듀이 식으로 '과학적'이었다고 설명한다. 그나마 다행이었던 것은 동료 교수들의 정중한 학문적 태도였는데, 그로 말미암아 저브는 그들과 협력 관계를 유지할 수 있었다.

다시 아르프스 홀 출입문으로 돌아가, 클로는 저브에게 도움의 손길을 뻗쳤다. 재빨리 그녀의 짐을 덜어 들고 1층에 위치한 초등 교육 센터로 함께 걸어갔다. 그때만 해도 캠퍼스에 교실이 매우 부족하고, 남성 중심의 행정 문화가 만연한 시절인지라 클로는 저브가 행정 쪽 사람들과 한참을 싸워서 그 건물 1층에 공간을 확보했다고 말한다.

이 우연한 만남은 곧 진지한 대화로 이어졌다. 저브는 해롤드 앨버티를 통해 클로의 존재를 이미 알고 있었던 것 같다. 당시 클로는 교사 출신으로 교육과정을 공부하려고 이제 막 대학원에 입학한 상태였다. 그는 대학원에서 교육과정을 전공한다는 것이 초중등교육과정을 모두 공부하는 것이라고 생각했는데, 이는 그중 하나만을 전공으로 삼는 통상적인 의식에서 벗어난 것이었다. 이러한 고민을 안고 그는 조만간 저브를 찾아가 상담을 하려 했는데, 우연찮은 기회에 그녀를 만나 이 문제로 이야기할 수 있었던 것이다.

비록 이들의 대화는 짧게 끝났지만, 저브는 클로에게 곧 있을 그녀의 수업에 참관할 것을 제안했고, 클로는 저브의 제안을 수락하면서 그녀의 수업 준비를 도왔다고 말한다. 클로는 저브가 크리스마스 휴가 기간에 뉴욕에서 수집한 예술작품 사진들을 벽면에 부치는 일을 도왔는데, 그날 저브의 수업이 시각예술을 교육과정과 접목시키는 방식에 관한 것이었기 때문이다. 저브는 교육과정 설계에서 예술을 중핵의 하나로 강조했던 것 같다. 클로는 저브가 말하는 예술이 위에서 언급한 시각적인 경험들뿐만 아니라 춤, 음악, 드라마와 같은 활동들도 포함하는 것임을 밝힌다.

클로는 저브가 그녀의 여름학교에서 예술 중심 교육과정을 실천에 옮겼고, 그것이 나중에 앨버티의 노력과 한데 합쳐져서 1932년에 대학 실험학교가 설립되었다고 말한다. 이 학교는 8년 연구에 참여한 학교들 가운데서도 가장 진보적이었고, 그곳의 초중등학교 교육과정을 입안했던 저브와 앨버티가 바로 클로의 박사과정 지도

교수와 논문심사 위원장이 되었다.

클로는 교사로서의 저브를 문제해결식 접근을 중시했던 사람으로 기억한다. 그는 저브가 미리 정해진 결론을 염두에 두고 학생들을 특정 방향으로 몰아갔던 것이 아니라, 그들이 스스로 생각하고 논의할 수 있도록 모든 가능성을 열어두었다고 말한다. 그러다보니 저브의 교실은 늘 생각하고 논의할 것들로 넘쳐났고, 그 여운은 수업이 끝난 뒤에도 쉽게 가시지 않았던 것 같다. 여기에 저브는 학생들에게 개인적인 저널링 쓰기를 권유하였는데, 클로는 이 작업이 비단 교육의 주제에만 한정된 것이 아닌 우리의 삶 자체를 포함하는 것이었다고 회고한다. 그렇다면 저브가 지도한 박사학위 논문들 가운데 1인칭으로 서술된 것들이 심심치 않게 눈에 띄었다는 클로의 증언은 어찌 보면 당연한 것이었다. 물론 전통적인 관점에서야 '객관적'인 3인칭 시점으로 학위논문을 작성하지 않았으니 매우 놀랄만한 사건이었겠지만 말이다.

클로는 나중에라도 저브 밑에서 공부했던 교사들은 쉽게 알아볼 수 있었다고 공언한다. 모두들 저브의 트레이드마크라 할 수 있는 문제해결식 '공격'으로 무장되어 있었기 때문이다. 그뿐이랴, 그들은 교육을 지탱하는 확고한 철학적 가치들이 몸에 배어있는 사람들이었기 때문이다.

클로는 저브를 비범하고 당당한 교사로 묘사한다. 그녀는 주변에서 당연시하는 것들에 종종 도전장을 내밀곤 하였는데, 특히 학생들과 동료 교수들에게 교직의 목적을 재고하고 그 방법들을 숙고하라고 목소리를 높였다. 저브는 남성 교수들 일색에 도구주의적인 사고가 성행하던 대학 사회에서 이런 역할을 자임할 만큼 강단 있는 사람이었지만, 그녀 곁에는 보이드 보드, 해롤드 앨버티, 헨리 헐피쉬와 같은 듀이 철학의 사도들이 포진해 있었다. 이들 덕분에 저브는 대학 실험학교에서 자신의 철학에 따라 초중등교육과정을 운영할 수 있었다. 클로는 저브의 주된 활동 무대였던 이 실험학교를 대학의 지배적인 학풍에서 자유로운 섬과 같은 존재로 그린다.

이제 클로는 저브에 대한 과장된 진술을 경계하면서 그녀의 지적인 공헌을 몇 가지로 정리한다. 우선 클로는 저브가 학교에서의 민주적인 삶의 방식에 관심이 있었다고 말한다. 그는 저브가 듀이식의 민주주의 개념에 의거해 교사와 학생, 교사와 교사, 교사와 행정가, 학교와 지역사회 간의 관계를 재설정할 것을 요구하였다고 부연한다.

다음으로 클로는 저브가 교육의 과정을 중시했다는 점을 지적한다. 저브는 미리 설정된 목적이 과정을 통제하는 도구주의적인 사고에 반대했던 것으로 보인다. 선형적인 교육과정 개발과 기술공학적 논거가 교사와 학생들 간의 상호작용과 그로부터 생성되는 새로운 창의적인 목적들을 억압할 소지가 다분하기 때문이다.

계속해서 클로는 저브의 예술에 대한 관심이 창의성 논의를 촉발하였다고 말한다. 특히 저브는 대학 실험학교의 교육과정을 유치원부터 12학년까지 예술 중심적으로 재구성하면서 창의적인 활동이 인지적인 사고력에 미치는 영향을 주시하였던 것으로 보인다.

마지막으로 클로는 저브가 항상 아이들의 발달 과업을 염두에 두었다고 말한다. 저브의 입장은 교사가 아이들을 한 해 동안만 가르치고 말 것이 아니라 학년을 따라 올라가면서 여러 해 동안 그들의 성장과 발달 과정을 지속적으로 지켜보고 안내해야 한다는 것이었다.

클로는 1948년 트루먼 대통령이 저브를 가리켜 '교사들의 교사'로 명명한 일을 기억한다. 확실히 그녀는 어느 시인의 말처럼 봄날 씨앗을 사방에 흩날리는 나무와 같았다.

10

홀리스 캐스웰

:

홀리스 캐스웰
Hollis Caswell

1901. 출생

1922. 네브래스카 대학(A.B.)

1927. 콜롬비아 대학(A.M.)

1929. 콜롬비아 대학(Ph.D.)

1922-1926. 네브래스카 공립학교 교장 및 장학관

1929-1937. 조지 피바디 사범대학 교육학 교수

1937-1966. 콜롬비아 대학 교수 및 학장

1988. 사망

아서 포쉐이가 들려주는
홀리스 캐스웰 이야기[†]

    1945년 여름 아서 포쉐이는 홀리스 캐스웰을 보기 위해 캘리포니아에서 뉴욕으로 건너갔다. 포쉐이는 티처스 칼리지 연구실의 열린 문 사이로 캐스웰을 처음 보았다고 회고한다. 캐스웰은 연구실 가장 안쪽의 잘 정돈된 책상 앞에 앉아 있었다. 포쉐이는 이 유명한 교육과정 개발 전문가 밑에서 공부를 하고 싶어서 천리 길을 날아왔던 셈인데, 그의 이런 노력은 결코 헛되지 않았던 것으로 보인다.

    첫 만남부터 캐스웰의 전문가다운 격식과 위엄이 포쉐이를 사로잡았던 것 같다. 포쉐이는 캐스웰의 조용하면서도 명확한 지침에 따라 그해 여름을 뉴욕에서 보냈다. 캘리포니아로 돌아온 포쉐이는

[†] Arthur W. Foshay, "Hollis Caswell and the Practice of Education," ed. Craig A. Kridel *et. al., Teachers and Mentors: Profiles of Distinguished Twentieth-Century Professors of Education,* New York, 1996, pp. 199-205.

오클랜드 초등학교 교장직을 1년여 휴직하고 티처스 칼리지에서 박사공부를 할 준비를 하였다.

1946년 6월 포쉐이는 캐스웰의 대학원생이 되었고, 그의 도움으로 호레이스 만-링컨 스쿨의 교감직을 수행하면서 자신에게 부여된 휴직기간을 2년으로 늘릴 수 있었다. 이때부터 캐스웰은 포쉐이의 삶에 지대한 영향을 미쳤던 것 같다. 특히 캐스웰은 박사공부를 마친 포쉐이를 티처스 칼리지 교수로 추천하면서 그의 학자로서의 길을 열어주었다.

포쉐이는 캐스웰을 만나면서 비로소 교육과 교사인 자신을 진지하게 바라보게 되었다고 말한다. 당시 포쉐이는 캘리포니아 대학 출신의 10년차 교사이자 교육행정가로서 그 지역 공립학교에 존재하는 다양한 사람들과 문제들을 '처리'하는 노하우에 밝은 사람이었다. 이런 그가 캐스웰을 보면서 교직에서는 기술과 요령이 전부가 아니라는 사실을 깨달았던 것이다.

캐스웰은 교육을 통해 지적인 능력 개발은 물론 사회의 현안 해결과 시민의 도덕성 함양을 추구했던 것으로 보인다. 포쉐이는 캐스웰의 교육관이 그 시대를 반영하는 것이었다고 말한다. 캐스웰은 1930년대 경제공황기에 여러 주와 도시의 교육과정 프로그램들을 입안하면서 자신의 신념을 실천에 옮겼다. 캐스웰이 동시대 관념적인 사회개혁자들(이를테면 조지 카운츠와 해롤드 럭)과 다른 점은 그가 직접 현장으로 달려가 일을 처리하는 사람이었다는 것이다.

포쉐이는 캐스웰의 《교육과정 개발》(1935)이 이 시절의 산물이었고, 그가 자신의 경험을 토대로 1946년 매우 선구적인 교육과정 강좌를 열었다고 말한다. 포쉐이의 비교 대상은 아무래도 1950-60년대 국가 주도의 교육과정 개혁이 아니었나 싶다.

포쉐이는 캐스웰이 수업 시간에 전해준 몇 가지 실천적 지혜를 소개한다. 첫째, 교육과정 개발은 개별 학교 단위로 이루어져야 한다. 둘째, 교육과정 개발자는 교육청 관료들보다 개별 학교 구성원들과 함께 교육과정을 개발해야 한다. 셋째, 교육과정 개발의 출발점은 교실이어야 한다. 교육과정을 위에서 아래로, 또는 밖에서 안으로 개발하는 방식은 지양해야 한다. 넷째, 학교를 조직하는 방식과 수업의 질은 상관이 없다. 다섯째, 세세한 교수요목 제작 및 개정은 무익하다. 이를 위한 각종 전문가 위원회도 불필요하다.

포쉐이는 또한 캐스웰의 강의가 교육과정 개발에 대한 역사적 안목을 길러주었다고 말한다. 캐스웰에게 교육과정 개발은 어디까지나 행동의 문제였다. 단순히 제안이나 권고의 문제가 아니었다. 포쉐이는 한 예로 캐스웰의 교육과정 개발사 강좌가 그동안의 교육과정 개선 노력들을 되짚으며 단지 구체적인 행동을 제안한 경우에만 효과가 있었음을 역사적으로 예증하는 것이었다고 회상한다.

캐스웰에게는 교육도 학문 분야를 넘어 행동 영역에 속했던 것으로 보인다. 그에게는 행동이 곧 '증거'였던 셈이다. 포쉐이는 캐스웰이 남들처럼 존 듀이나 윌리엄 킬패트릭과 같은 대가들 뒤에 숨어 자신의 교육과정 제안서를 내놓지 않았고, 전문적인 교육을 교수법 연구로 대체하면서 그의 전문가로서의 행동을 타인들에게 양도하지도 않았다고 말한다. 포쉐이는 캐스웰을 교육 분야에서 학문적인 연구와 직업적인 전문성이 조화를 이루기를 바랐던 선구적인 인물로 평가한다.

포쉐이는 캐스웰이 교사들과의 협력 연구를 중시하였다고 말한다. 캐스웰은 자신의 경험으로부터 교사들이 배제된 학교 실험이나 교육과정 설계가 실효성이 떨어진다는 결론에 도달했던 것 같다. 교사들은 자신들이 참여하지 않은 개혁을 왜곡하거나 무시하는 경향이 있기 때문이다. 포쉐이는 교사들이 주도적인 역할을 담당하는 가운데 전문가 집단이 그들의 연구, 설계, 행동을 뒷받침하는 캐스웰의 실행 연구가 교사들의 목소리가 실종된 하향식 교육 개혁에 경종을 울리는 것이었음을 상기시킨다.

포쉐이는 캐스웰이 사람들과 작업할 때 가급적 눈에 띄지 않게 행동했다고 전한다. 주변의 관심이 그에게 쏠리는 것을 경계했던 것인데, 캐스웰의 이런 모습은 다른 '유명' 인사들의 시끌벅적한 행태와는 다른 것이었다. 포쉐이는 이름깨나 알려진 자들이 사람들 위에 군림하며 자신들의 이미지를 각인시키려 했던 것과 대조적으로 캐스웰은 그와 함께 일하는 사람들 각자가 안으로부터 변화하기를 바랐고, 이를 위해 그들이 이전과 다르게 생각하도록 도왔다고 말한다.

캐스웰에게 교육은 사람들 개개인이 자신의 능력을 개발하며 자아실현을 이루는 것이었다. 모두를 똑같이 만드는 일도, 그렇다고 특정 인물의 모제품을 생산하는 일도 아니었다. 포쉐이는 캐스웰의 학생들이 그를 단순히 흉내 냈다기보다 그의 영향하에 스스로 성장했다고 증언한다. 일례로 플로렌스 스트레이트마이어는 캐스웰의 2년 동안의 지적인 독려 끝에 그녀의 교육과정 저서를 출간하며 마침내 자아실현을 이루었다.

포쉐이는 캐스웰이 당시 교육과정 개발 분야를 선도했을 뿐만 아니라, 교육 행정가로서의 역량도 대단히 뛰어났었다고 말한다. 그는 캐스웰이 1937년 티처스 칼리지에 부임하자마자 '교육과정과 수업' 학과를 만들었을 만큼 '수완' 좋은 행정가였고, 제2차 세계대전이 끝날 무렵에는 이 대학의 유서 깊은 실험학교를 폐쇄하기로 결정할 만큼 대범한 실천가였다고 부연한다. 당연히 주변에서는 반대가 들끓었고 결국 법원의 결정으로 호레이스 만-링컨 스쿨은 역사의 뒤안길로 사라졌다. 이후 다른 대학 실험학교들도 속속 문을 닫았다.

학술활동과 관련하여 포쉐이는 캐스웰이 전미교육협회 학교장학 분과와 신생 학회인 교육과정 연구회를 통합하여 '학교장학 및 교육과정 개발 학회'를 창설하는데 주도적인 역할을 담당하였다고 말한다. 아울러 전미교육협회 안에 교수법 연구 분과가 설치된 것도 캐스웰의 제안에서 비롯된 것으로 보인다.

포쉐이는 자신의 경험에 비추어 캐스웰의 충고가 간결하고, 단도직입적이고, 예리하였다고 기억한다. 특히 사람들과 일을 할 때 캐스웰은 그들의 목소리에 귀를 기울이며 그로부터 문제를 해결하기 위해 행동할 것을 주문하였다고 한다.

캐스웰은 특정 교육이론을 신봉하지 않았던 것으로 보인다. 포쉐이는 캐스웰이 중핵 교육과정을 옹호하는 입장이었지만, 그것이 곧 그가 진보주의자였음을 반증하는 것은 아니었다고 말한다. 그보다 캐스웰은 중핵 교육과정이 다른 사람들과 마찬가지로 그 자신에게도 합당해 보였기 때문에, 또 1930년대 경제공황기에 사회적인 쟁점에 따른 교육과정 설계가 시의적절한 것이었기에 그리했던 것이다.

포쉐이는 캐스웰의 언행에 그의 개인적인 신조가 묻어있었다고 말한다. 가령 캐스웰은 생각으로 '밭을 일궈' 행동으로 '수확'한다는 식의 표현을 즐겼는데, 이것은 그가 네브래스카 시골 출신으로 농장 언어에 익숙했기 때문이라는 것이 포쉐이의 설명이다. 그는 또한 캐스웰이 교육과정 개발 과정에서 구성원 상호 간의 존중과 통합을 중시한 것도 그가 중서부 작은 마을 출신이었기 때문에 가능한 일이었다고 말한다. 확실히 이런 덕목들은 캐스웰의 사람됨은 물론 그의 전문적인 직업 활동과 세계관에도 커다란 영향을 주었던 것으로 보인다.

캐스웰은 언제나 크게 생각하고 자신의 생각을 행동을 통해 완수하는 사람이었던 것 같다. 포쉐이는 이런 캐스웰을 자신의 책을 통해 교육과정 분야의 경계를 설정한 사람, 여러 주와 도시의 교육과정 프로그램들을 만들며 교육과정 개발 분야를 개척한 사람, 각종 학술단체의 창립을 주도한 사람으로 묘사한다.

캐스웰이 교육학을 행동 영역으로 간주하였음은 주지한 바와 같다. 그는 교육학의 본질이 학생들을 교육하는 데 있고, 이론은 이런 교육학의 본질을 규명하는데 있다고 생각했던 것 같다. 그래서인지 그는 교육학 분야에서 교수들의 역할이 행동을 명료화하고 독려하는 것이었음을 환기시킨다. 포쉐이는 캐스웰의 교육관을 임상의학에 빗대 설명한다. 의학이 환자 치료를 위한 행동 분야라면, 교육학도 학생 교육을 위한 행동 영역이라는 것이다.

그렇다면 캐스웰은 동료 교수들에게 이론의 벽장에서 벗어날 것을 촉구했던 것인데, 전통적인 대학 사회에서 이론보다 행동을 우선시하는 캐스웰의 접근이 환영받지 못했음은 당연한 일이었다. 예컨대 대학의 교육학과에서는 교육하는 행위를 연구만 할 뿐, 정작 교육하는 행위를 가르치지는 않는 것이다. 다시 의학적 비유로 돌아가, 대학의 교육학 교수들은 임상적 처치보다 그것에 대한 이론화 작업에 보다 관심이 있었던 셈이다.

앞서 언급했듯이 캐스웰은 주변의 불필요한 관심을 받는 일을 꺼렸다. 포쉐이는 그 이유를 캐스웰이 학창 시절에 경험한 티처스 칼리지의 과도한 '스타 시스템'에서 찾는다. 포쉐이는 그곳에 스타와 시종만 있었다는 캐스웰의 말을 전한다. 나중에 티처스 칼리지의 일원이 되어서도 캐스웰은 스타 교수들과 그들의 추종자들로 양분되는 대학 카스트를 목격하였다. 포쉐이는 캐스웰의 태도가 스타-시종 시스템을 바라지 않는 그의 소신에서 비롯된 것이었다고 추측한다.

포쉐이는 캐스웰의 학자로서의 소명이 교육 실천과 학교 개선에 있었다고 말한다. 이는 오늘날 교수들이 주변의 인정이나 자신의 영향력 확대에만 혈안이 되어 있는 것과 사뭇 대조적이다. 일각에서는 이런 캐스웰을 가리켜 현실 감각이 뒤떨어진 사람이었다고 평할지 모르나, 적어도 학교 개혁자들은 그를 이상적인 본보기로 삼을 것이 분명하다.

11

해롤드 럭

해롤드 럭
Harold Rugg

1886. 출생

1908. 다트머스 칼리지(B.S.)

1909. 다트머스 칼리지(C.E.)

1915. 일리노이 대학(Ph.D.)

1911-1915. 일리노이 대학 공학 교수

1916-1919. 시카고 대학 교육학 교수

1920-1951. 콜롬비아 대학 교육학 교수

1960. 사망

케네스 벤이 들려주는
해롤드 럭 이야기[†]

　　1936년 가을 콜롬비아 대학에서 케네스 벤은 해롤드 럭을 처음 보았다고 말한다. 그는 럭을 몸에 딱 맞는 트위드 재킷에 알록달록한 비단 손수건을 꽂은 멋쟁이로 묘사한다. 심지어 그의 짧고 단정하게 기른 턱수염과 콧수염, 또 잘 손질된 손톱까지 기억한다. 벤은 럭과 인사를 나누면서 그가 'ch'나 'sh'로 시작하는 단어들을 발음할 때 말을 더듬는다는 사실을 지적한다. 벤은 럭이 자신감 넘치면서도 다정하고 우호적인 사람이었다고 부연한다.

　　벤은 럭의 수업을 들어본 적이 없었다고 말한다. 럭의 생각을 이해하기 위해서는 그의 강의보다 책을 읽는 것이 좋다는 주변의 권고 때문인지 벤은 럭의 수업을 대신하여 그의 저작들을 여러 권 읽고 그가 집필한 사회교과서 시리즈도 유심히 살폈던 것으로 보인

[†] Kenneth D. Benne, "Memories of Harold Rugg," ed. Craig A. Kridel *et. al.*, *Teachers and Mentors: Profiles of Distinguished Twentieth-Century Professors of Education*, New York, 1996, pp. 207-216.

다. 벤은 럭이 저술 작업에 집중하느라 수업이 없는 날이면 티처스 칼리지에 거의 모습을 드러내지 않았다고 증언한다.

벤은 럭의 초기 경력을 윌리엄 배글리와의 인연을 중심으로 소개한다. 그는 제1차 세계대전 시절로 돌아가 일리노이 공과대학의 신출내기 강사였던 럭이 일리노이 대학의 사범대학 학장이었던 배글리를 만나 그의 조언으로 박사과정을 시작하게 되었다고 말한다. 당시 럭은 그 자신의 교수법 개선과 교육을 연구하는 통계적 방법에 관심이 있었고, 이는 그의 나중 행보에 익숙한 사람들에게는 다소 놀라운 것이 아닐 수 없다.

벤은 럭이 일리노이 대학에서 교육학으로 박사학위를 받은 최초의 인물이었고, 이런 그를 배글리가 교수로 발탁했다고 말한다. 흥미로운 점은 두 사람의 성향이 서로 달랐다는 것이다. 배글리가 전통적인 학문중심 교육과정의 옹호자였다면, 럭은 학교교육이 민주적인 사회·경제적 변화를 주도해야 한다고 믿었던 사회 재건주의자였다.

벤은 박사논문을 끝내고 콜롬비아 대학에서 강의를 하던 시절(1938-1941)에 럭이 주관하던 대학원 교재 편찬 작업에 참여한 적이 있었다고 회고한다. 그는 교재 편집위원으로 일하던 3년여 동안 럭을 개인적으로나 학문적으로 잘 알게 되었고, 특히 교육을 통한 사회 변화라는 그의 신념을 목도할 수 있었다고 말한다.

벤은 럭의 사명이 민주주의 사회의 고양에 있었음을 재차 강조한다. 그는 럭이 대략 1920년대 말부터 1930년대 초까지 '킬패트릭 토론 그룹'의 일원으로 활동하면서 급변하는 사회·문화적 변화에 따른 교육 정책과 프로그램의 재구조화에 관심을 보였다고 말한다.

벤은 럭이 킬패트릭 토론 그룹의 멤버들과 마찬가지로 국가가 시장의 권력을 일부 회수해야 한다는 입장을 견지하였으나, 그 권력을 일반 대중들에게 돌려주기보다 과학기술 전문가들에게 일임해야 한다고 주장하면서 조지 카운츠나 존 차일즈와 같은 다른 저명한 사회 재건주의들과 차이를 보였다고 말한다. 이쯤에서 우리는 럭의 공학도로서의 이력을 잊지 말아야 하지만, 그렇다고 그가 '테크노크라시' 운운하며 정치적 민주주의의 가치들을 망각한 사람도 아니었음을 기억해야 한다. 럭의 바람은 과학기술의 힘을 빌려 사회경제적 변화에 효과적으로 대처하는 동시에 교육받은 시민들의 힘으로 거대 자본에 재갈을 물려 민주적인 가치들을 지켜내는데 있었기 때문이다.

벤은 또한 럭이 다른 사회 재건주의자들과 달리 예술을 중시하였다고 말한다. 럭은 미국 문명의 뛰어난 점으로 과학기술과 그로부터 비롯된 실용주의 철학을 꼽았으나, 그것이 사람들의 예술적 삶을 담보하지 못한다는 생각에서 시, 회화, 춤, 건축, 공예와 같은 예술 분야에 관심을 가졌던 것으로 보인다. 벤은 럭이 시카고 대학에서 콜롬비아 대학으로 자리를 옮기면서 자연스럽게 뉴욕의 예술

및 비평가들과 교류를 시작하고, 그들의 영향으로 예술이 중심이 되어 사회 통합과 문화 진흥을 이끄는 새로운 시대에 관심을 가졌을 것이라고 추측한다.

이런 예술로의 '개종' 때문인지, 1930년대 럭은 학교교육의 목적으로서 비판적인 문제해결 방법을 기르는 것과 교육의 과정에서 나와 타인의 아름다움을 창의적으로 발견하고 인식하는 것 사이에 커다란 차이가 있음을 간파하고, 그 간극을 메우기 위해 한편으로는 존 듀이의 반성적 사고를 수용하고, 다른 한편으로는 예술의 안내를 따르며 나중에는 도교, 요가, 선불교의 수행까지 마다하지 않았던 것으로 보인다. 벤은 럭이 1951년에 티처스 칼리지에서 은퇴하고 1960년에 죽을 때까지 이 문제에 집착하였다고 말한다.

벤은 럭을 낙관주의자로 명명한다. 그러나 럭이 경험한 현실은 그리 녹록치 않았던 것 같다. 한 예로, 벤은 1941년 애국단체들이 미국 도처에서 럭의 사회교과서 시리즈를 불온서적으로 낙인찍고 그것들을 공개적으로 불태운 사건을 거론한다. 앞서 언급했듯이, 럭은 킬패트릭 토론 그룹의 일원이었고, 이 학술 모임을 계기로 1930년대 경제공황기에 좌파 성향의 진보적인 교육 잡지《소셜 프런티어》가 등장하였음은 주지의 사실이다. 그렇다면 보수주의자들은 럭을 반대 캠프의 급진주의자로 분류하고, 그에 대한 '마녀사냥'을 감행했던 것이다.

럭은 자신이 수년 동안 심혈을 기울여 저술한 책들이 이런 식으로 공격을 당하자 매우 당혹스러워했던 것으로 보인다. 그럴만한 이유를 찾을 수 없었기 때문인데, 럭은 해당 교과서들이 미국의 역사와 사회를 있는 그대로 서술한 것이었을 뿐, 특정 가치를 옹호하거나 주장한 것이 아니었다고 믿었던 것이다. 그러나 벤은 럭의 이런 생각이 순진한 것이었다고 말한다. 럭의 사회교과서 시리즈는 어디까지나 사회 민주주의 관점에서 쓰인 것으로서 기존의 사회, 경제, 문화 질서의 폐단을 고스란히 드러내 보여주었고, 바로 이런 '반체제적'인 논의가 우파 진영의 심기를 건드렸던 것이다.

벤은 럭이 콜롬비아 대학을 은퇴한 뒤로 그와의 관계가 더욱 돈독해졌다고 말한다. 벤도 럭도 마음이 맞는 대화 상대가 필요했던 것이다. 1950년대 듀이의 사회 민주주의 철학은 좌파와 우파 모두에게서 배척당했는데, 그 여파로 사회 재건주의자들의 위상도 덩달아 약화되었던 것 같다. 벤은 당시 철학하는 사람들 가운데 젊은 마르크스주의자들을 제외하면 대부분이 언어실증주의자들이었다고 말하고, 그 이유를 제2차 세계대전 이후 미국 사회를 휩쓴 매카시즘의 광풍 속에서 교육에 대한 정치·사회적 논의가 위험한 것으로 터부시되었기 때문이라고 설명한다.

벤은 1950년대에 사회 재건주의를 표방했던 두 개의 대학으로 그가 1953년까지 있었던 일리노이 대학과 그 후에 머물렀던 보스

턴 대학을 꼽는다. 벤은 대학 캠퍼스로 럭을 자주 초대하여 개인적
이며 지적인 대화를 이어갔고, 1951년부터 1960년까지 여러 차례
그의 우드스톡 언덕배기집을 방문하였다고 회고한다.

벤은 사회 재건주의자들 중에 소수만이 럭의 급진적인 사회·경
제적 계획과 그의 예술로의 '개종'에 공감하였다고 말하면서도 스
스로를 그 얼마 안 되는 사람들 가운에 한 명으로 소개한다. 특히
그는 럭의 예술교육론에 관심이 있었던 것 같다. 럭 역시 그의 만년
을 번잡한 사회·문화적 비평보다는 삶의 예술적 의미를 반추하고
동양의 지혜를 귀담아 들으며 조용히 보냈던 것으로 보인다.

벤은 럭이 체계적인 이론가는 아니었음을 인정한다. 그러나 그는
럭이 직감이 뛰어난 사람으로서 낱알로 흩어져 있는 중요한 요소
들을 한데 모아 '의미'를 부여하는 능력이 탁월했다고 말한다. 특히
벤은 럭의 '창의적 상상력'의 개념이야말로 오늘날처럼 고도로 전
문화되고 분화된 사회에서 인간다운 삶과 교육을 담보하는 귀중한
지적 유산이라고 자신한다.

김성훈

김성훈은 강원도 춘천에서 태어났다. 강원대학교를 졸업하고 캐나다 앨버타대학교 대학원에서 철학박사 학위를 취득했다. 현재 강원대학교 교육학과 교수로 재직 중이다. 교육과정철학, 서양교육사, 교육고전 등에 관심이 있다. 저역서로 ≪교육과정 연구≫, ≪영국의 교육사상가들≫, ≪교육학 명문 100선≫, ≪루소 교육 소저작≫, ≪(에라스무스)아동교육론≫ 등이 있다.
E-mail: seonghoonkim@kangwon.ac.kr

교육과정 에세이 2

초판인쇄 2018년 9월 10일
초판발행 2018년 9월 10일

지은이 김성훈
펴낸이 채종준
펴낸곳 한국학술정보(주)
주소 경기도 파주시 회동길 230 (문발동 513-5)
전화 031) 908-3181(대표)
팩스 031) 908-3189
홈페이지 http://ebook.kstudy.com
전자우편 출판사업부 publish@kstudy.com
등록 제일산-115호(2000. 6. 19)

ISBN 978-89-268-8545-1 93370